A TEEN'S GUIDE
TO GETTING STUFF DONE:
DISCOVER YOUR PROCRASTINATION TYPE,
STOP PUTTING THINGS OFF,
AND REACH YOUR GOALS

告别拖拉磨蹭的五步练习法

（美）珍妮弗·香农（Jennifer Shannon） 著

石孟磊 译

化学工业出版社

·北京·

A TEEN'S GUIDE TO GETTING STUFF DONE: DISCOVER YOUR PRO-CRASTINATION TYPE, STOP PUTTING THINGS OFF, AND REACH YOUR GOALS by JENNIFER SHANNON, LMFT
ISBN 9781626255876
Copyright: ©2017 BY JENNIFER SHANNON

This edition arranged with NEW HARBINGER PUBLICATIONS through BIG APPLE AGENCY, LABUAN, MALAYSIA.
Simplified Chinese edition copyright:
2022 Chemical Industry Press Co., Ltd
All rights reserved.

本书中文简体字版由 NEW HARBINGER PUBLICATIONS 授权化学工业出版社独家出版发行。

本书仅限在中国内地（大陆）销售，不得销往中国香港、澳门和台湾地区。未经许可，不得以任何方式复制或抄袭本书的任何部分，违者必究。

北京市版权局著作权合同登记号：01-2022-0321

图书在版编目（CIP）数据

告别拖拉磨蹭的五步练习法／（美）珍妮弗·香农（Jennifer Shannon）著；石孟磊译. ——北京：化学工业出版社，2022.6

书名原文：A Teen's Guide to Getting Stuff Done: Discover Your Procrastination Type, Stop Putting Things Off, and Reach Your Goals

ISBN 978-7-122-41077-1

Ⅰ.① 告⋯　Ⅱ.① 珍⋯　② 石⋯　Ⅲ.① 时间-管理-青少年读物　Ⅳ.① C935-49

中国版本图书馆 CIP 数据核字（2022）第 061542 号

责任编辑：赵玉欣　王　越
责任校对：李雨晴
装帧设计：尹琳琳
绘　　图：（美）道格·香农（Doug Shannon）　王　宁

出版发行：化学工业出版社（北京市东城区青年湖南街13号　邮政编码100011）
印　　装：北京新华印刷有限公司
880mm×1230mm　1/32　印张4　字数83千字
2022年8月北京第1版第1次印刷

购书咨询：010-64518888　　　　　　　　售后服务：010-64518899
网　　址：http://www.cip.com.cn
凡购买本书，如有缺损质量问题，本社销售中心负责调换。

定　　价：59.80元　　　　　　　　　　　　版权所有　违者必究

译者前言

和许多家长聊天的时候，他们都会说："我家孩子太磨蹭了！"

早晨的时间本来就很紧张，家长忙得都要飞起来了，而孩子却慢慢悠悠地洗漱吃饭。你催他，他还回嘴："知道了，知道了，真能唠叨！"晚上呢，孩子也不知道早点休息，躺在床上刷手机。你说该睡觉了，他"嗯嗯"回应两声，就继续刷手机去了。最要命的是，我们还会收到老师的投诉："你家孩子作业又没交。"这一听，一个头就变成两个大。

孩子们可能在任何事情上拖拉磨蹭，写作业、收拾房间、参加活动……当我们看到孩子混乱的作息、杂乱的房间、糟糕的成绩时，火气就像火山里的熔岩一样突突往上冒。一旦压不住火，就会和孩子发生激烈的争执。

我们怎么看待孩子磨蹭这件事呢？

一些家长会说："这孩子就是懒，手跟长了鸭蹼似的，叫他干点活可难了。"还有一些家长会说："这孩子能力不行，做事总是乱糟糟的。"

真是这样吗？我们可能把这个问题想简单了。

当家长把磨蹭问题归结于懒惰和能力欠缺时，我们就容易催促孩子、批评指责孩子，在与孩子的对话中缺少理解和共情——虽然我们苦口婆心，把好话和坏话都说尽了，但孩子梗着脖子、捂着耳朵，根本不愿意听我们的。一些执拗的孩子甚至会说："好，你不是说我懒吗？我就懒给你看！"

确实，当我们把磨蹭归结于品性问题的时候，它就更加棘手了。坦白说，我也曾经遇到过同样的困境：我家小儿的磨蹭问题让我一筹莫展，在和小儿的交锋中，我也屡次败下阵来。

承蒙玉欣的青睐，我有幸成为《告别拖拉磨蹭的五步练习法》的译者。这本书给我提供了另一个解决问题的思路。

这本书的作者珍妮弗·香农（Jennifer Shannon）是一位认知行为疗法专家，她有非常丰富的、与青少年一起工作的实践经验。她提出，家长要关注孩子的特质类型。完美主义者、勇士、讨好者以及对抗者是四类拖拉磨蹭的"易感人群"。阻碍他们前进脚步的是核心信念。比如完美主义者认为"我绝不能犯错"，勇士认为"我必须有动力"，讨好者认为"我要让所有人都满意"，对抗者认为"我绝不能听别人的命令"。

要想改变孩子的磨蹭，就是要改变这些核心信念。如何改变呢？她认为要帮助孩子用更合理的新信念来替代旧信念。为了让任务进行得更顺利，她还给出了很多实用的方法，比如限定完成任务的时间、驾驭情绪的波动、把艰巨的任务分解成可行的小任务等。

此外，她还提醒家长要看到孩子的生活处境。孩子们比我们小时候面临着更严峻的挑战。在我年少的时候，玩的是跳皮筋、溜溜球和洋片，能看到一本漫画书，能玩一把红白机里的游戏，就高兴得手舞足蹈了。现在，商场里琳琅满目的各种手办模型，手机和电脑上五花八门的资讯、视频和游戏，都在叫嚣着："看我！看我！我很有趣！"孩子们得有多大的意志力才能抵得住这些事物的诱惑啊！如果让我们家长重来一遍，我们也未必能做得很好。看到孩子面临的这些挑战，才能更好地理解孩子，帮助孩子逐步完成学业，实现自己的人生理想。

我曾经翻译过很多心理学书籍，给我帮助最大的就是这本书。本书作者在孩子拖拉磨蹭问题上的论述角度新颖，还囊括了四类拖延者的自测题。孩子们通过自测题，找到自己的磨蹭类型；家长通过阅读，重新思考孩子的问题。

在翻译过程中，虽然审慎斟酌，但受个人翻译水平所限，难免有疏漏和不当之处，望广大读者朋友不吝指正。

石孟磊
2022.3

目 录

看看你属于哪一型? // 1

　　追求卓越、担心犯错的完美主义者　// 5
　　追逐刺激与挑战、讨厌无聊的勇士　// 12
　　试图让所有人都满意的讨好者　// 18
　　不愿听从别人安排的对抗者　// 23

为什么拖拉磨蹭顽疾难除? // 29

　　你头脑中的某些信念在捣乱　// 31
　　　　完美主义者——"犯错等于失败"　// 31
　　　　勇士——"我必须有动力"　// 34
　　　　讨好者——"绝不能令人失望"　// 37
　　　　对抗者——"绝不能向他人屈服"　// 39
　　消极情绪和分心让你陷入恶性循环　// 42

彻底告别拖拉磨蹭的五步练习法 // 47

　　第一步 找到开始行动的动力　// 48
　　第二步 驾驭情绪波动　// 57
　　　　培养新信念　// 57
　　　　巩固新信念　// 67

第三步 消除干扰不分心　　// 73

第四步 把任务变得可行　　// 79

　　　分解任务　// 79

　　　争分夺秒　// 84

　　　保持进度　// 90

第五步 为应对批评做准备　　// 98

射中靶子，而不必正中靶心　　// 106

结语　　// 117

看看你属于哪一型？

如果你认为自己是拖延者，那么你并不孤单，很多人也有类似的想法。无论是进行艰难的沟通还是做决定，写作业还是锻炼身体，早晨起床还是晚上入睡，我们都时常拖延。不过，这不一定是坏事。

把困难的任务拖到最后一分钟，能让我们产生强烈的紧迫感，把注意力集中在任务上。有时，我们抱着"车到山前必有路"的信念忽视某个问题；有时，没完成的事情正是我们压根不想做的。但是，从自身经验来看，如果经常完不成任务、不承担责任，我们就不得不付出相应的代价。

拖延者付出的代价通常是自尊。长期拖延的人往往感到情绪低落，自信不足，也总被批评懒惰、没有条理、缺乏上进心，甚至愚蠢——这些话听上去很扎心，虽然批评者原本可能是想表达担心，想让你成功，但他们看到拖延阻碍了你的进步；或者，他们自己也有拖延问题，对此感到羞愧，不想让你也有如此糟糕的体验。但是不管初衷如何，批评往往让事情变得更糟。

当消极的自我评价累积到一定程度时，我们就会将其内化，相信自己缺乏动力，做事没有条理，能力上有所不足。我们问自己："为什么我要拖着不去做那些必须要做，甚至是我想做的任务呢？为什么我完不成那些必要的工作呢？"我们没有办法回答这些问题，很容易感到气馁；也不会同情自己，很难容忍自己的拖延行为。

从我和青少年、成人一起工作的经验来看，拖延并不意味着我们是糟糕的、懒惰的、愚蠢的，或具有其他不好的品质，更不是软弱或者道德败坏的标志——它只是人类共有的问题罢了。只不过，我们面临着比父母更严峻的挑战。手机和电脑容易令人分心，让我们每天更难专注于工作。不管在哪里，干扰我们的事物总是唾手可得。社交媒体、电子邮件、短信时刻诱惑着我们，不立刻回应，就可能伤害别人的感受或者错过一些有趣的事情。前几代人不需要应付数字时代如此诱人的事物。

针对拖延者的帮助和建议大多是教我们如何进行合理规划，遵循许多规则，以在截止日期前完成任务。时间管理的确很重要，我将用一章的篇幅来探讨。然而，为了解决拖延问题，更重要的一点是理解管理时间的人——我们自己。

敏感与否、气质、价值观和动机，并不能一刀切地决定一个人是否拖延。每个人的拖延问题都不简单。为了理解拖延的影响，我把拖延者分为四类，每种类型涉及相应的价值观、优缺点以及成因。

你是必须把事情做对的完美主义者，还是必须全身心投入的勇士呢？你是必须让所有人感到满意的讨好者，还是不愿听从别人安排的对抗者呢？不要马上回答。事实上，我们可能同时具有这四种类型的特质。在接下来的章节中，我们将探讨完美主义者、勇士、讨好者、对抗者的世界，发现每种类型各自的弱点以及应对困难任务的潜力。

如果你想提升能力（不是为了取悦家长、老师和朋友，而是为了实现人生目标），那么这本书正适合你！它不仅教你如何完成任务，而且教你如何掌控自己的人生！

Ⅰ 追求卓越、担心犯错的完美主义者

一个班级的学生去巴黎研学。带队老师芳登夫人拿出一张清单,列出了她想让学生参观的景点;不过,只有一天的时间。为了激励学生,她设置了一场类似于打卡游戏的比赛。她把学生随机分成四组,并宣布在太阳落山前,参观完所有景点并返回酒店的小组将在当天晚上获得两个小时的自由时间。她说了声再见,让学生们开始自主行动。

第一组认为首先应该制订一个可行的计划,于是,他们在咖啡馆里点了咖啡和司康饼,围在一起讨论待办清单。他们一直讨论哪一种参观顺序是最佳的——一开始应该选择最近的景点,还是最远的景点呢？午餐时间到了，他们仍在争论。每一次拟好方案，他们都会争论不休并推翻它。咖啡馆快要打烊了，他们意识到时间已经过去一半了。情急之下，他们凑钱打车。出租车在车流中高速穿行，他们赶在晚高峰到来之前参观了三个景点。他们看着夕阳在凯旋门后渐渐沉落——离酒店和奖励还差得很远。

第一组学生都是完美主义者。只有在百分之百确定如何成功完成任务时，完美主义者才会毫不犹豫地开始工作。但是，如果准备不足或者可能犯错误，完美主义者就会拖延。只有当临近截止日期，没有时间追求完美的时候，完美主义者才会行动——他们害怕犯错，但更害怕完不成任务。

乔丹正在读高二，是一个典型的完美主义者。（就像这本书的所有角色一样，乔丹不是真实存在的，而是我在咨询中遇到的某种青少年的集合体。）他努力上进，成绩优异，不过，他还是感到很痛苦。他从初中开始就考虑未来，担忧自己的成绩。在他看来，如果上不了好大学，他的人生就是失败的。

乔丹研究了一番，起草了提纲，但迟迟无法动笔。他反复琢磨主题

是否恰当，研究是否充分，论文能打多少分。直到交稿的前一天晚上，他才写下第一句话。他经常无法按时完成作业，只得央求妈妈写假条，这样他第二天可以不上学。

乔丹的担忧和压力造成严重的后果。他为自己的拖延感到自责；当看到同学的进度时，他感到惶恐不安。他熬了一整夜写完论文，第二天感到又累又烦。更糟的是，拖延严重影响了他的成绩。

如果你说乔丹是完美主义者，他会哈哈大笑。"绝对不可能！"他会说，"我总把事情搞砸！如果我是完美主义者，我就不会拖延了！"

完美主义者并非"完美的人"，而是"认为自己应该做到完美的人"。乔丹认为他应该知道自己要表达什么，应该能清晰明确地写作，而不应该在各种观点之间纠结——如果他发现自己处于纠结状态，那一定是哪里出了问题，他需要停下来，找出来并改正。只要处于"不确定"的状态，他就会拖延任务。

完美主义者的核心价值观是追求卓越。带着这些苛刻的标准，乔丹总是规避风险，只愿意完成他擅长的活动和课题。追求卓越的动机没有激励他，对失败的恐惧却束缚着他。他想要事业成功、生活幸福，但这些目标也导致他总害怕"不够好"——如果不能名列前茅，他就感到自己失败了；如果进不了名牌大学,别人会怎么看他?他将失去家长、老师甚至朋友的尊重!

完美主义者的目标不一定是名牌大学,而可以是在任何方面,比如运动、音乐、时尚、商业甚至是人缘。如果你因为担心犯错而拖延,那么,你就是完美主义者。

做决策是长期困扰完美主义者的问题,因为他总认为事情只有唯一正确的选择。无论是购买哪双鞋还是上哪所大学,完美主义者总需要更多的时间做出决定——当无法确定自己是正确的时候,就会感到崩溃,根本没有办法做出选择。在别人看来,这像是懒惰或者不积极,不过,完美主义者不懒惰,他只是花了更多的时间,为找不到正确的选择感到苦恼。

当完美主义者把高标准用于低风险情境时,简单的任务也会成

为挑战。比如，你只需要写一封感谢信，但认为感谢信需要非常真诚，那就可能缺乏动力，根本不想落笔——你本来想感谢对方，最后却让对方感到受伤。

完美主义者在建立社交关系时也会犹豫——如果总是要求自己表现得聪明、有趣、幽默，并且从来不被拒绝，那就会拖着不与别人接触。这样，虽然我们想拥有更多朋友，但还是会选择独自待在家里。

在培养音乐、运动等爱好时，完美主义者可能推迟练习。学习新知识意味着犯错误，这正是他们难以容忍的。热爱吉他，甚至很有天赋的人可能最终选择放弃——追求卓越的需要，阻碍他达到卓越的状态。

虽然完美主义者为自己设定了最高的标准——卓越，但追求卓越的需要使他无法达到这一目标。如果不确定自己能出色地完成任务，他一定会回避这些任务，不然就可能被认为"能力不足""不够好"，失去别人的尊重。这是完美主义者无法承担的风险。

练习：你是完美主义者吗？

下面有十道自测题。如果你符合五条或五条以上的表述，你的拖延问题就是由完美主义造成的。

- ☐ 我经常推迟那些会由他人评价的任务。
- ☐ 如果任务比我想象得更困难或更令人沮丧，我经常会放弃。
- ☐ 我经常等到自己头脑清醒、充满自信的时候，再开始完成挑战性的任务。
- ☐ 我担心如果我犯错或表现不出色，别人会看不起我，认为我能力不足。
- ☐ 当我犯错时，我感到很沮丧。
- ☐ 我不想做那些不一定能成功的事。
- ☐ 如果别人比我做得好，我就会感到自卑。
- ☐ 当我出现拖延时，我会自责，并告诉自己应该开始做了。
- ☐ 我的工作总赶不上进度，因为把事情做好需要花费很长时间。
- ☐ 我总是挑剔自己的工作，感到自己一无是处。

一方面，追求卓越让完美主义者能取得较高的成就；另一方面，追求卓越的需要成为他们追求成功最大的阻碍。害怕失败或被别人说不够好，不仅让完美主义者难以开始行动，也让他们失去创造力和冒险精神，离"卓越"越来越远。这是完美主义者面临的两难困境。

追逐刺激与挑战、讨厌无聊的勇士

回到我们的故事：

早晨，芳登夫人刚宣布了巴黎景点的打卡活动。第二组反应迅速，立刻大喊着冲了出去。不到半个小时，他们就在埃菲尔铁塔上拍照留念；没过多久，他们的热情在卢浮宫稍有减弱；到了圣母院，他们就完全提不起兴趣了。"真无聊！"一个学生嘟囔，"清单上只有一堆博物馆和教堂！"当意外发现巨欧德剧场（一个外部由镜面装饰的巨大球形建筑，里面有个巨幕影院）的时候，他们兴奋起来，一个学生提议："我们有一整天的时间，为什么不去看《侏罗纪公园4》呢？"当他们从电影院出来的时候，才惊讶地意识到"什么？居然这么晚了！"毫无疑问，他们没有赢得奖励。

我把这些学生称为勇士。勇士只要全力以赴（比如跑到埃菲尔铁塔的塔顶上拍照），就能全神贯注地完成任务。不过，当任务令人感到乏味厌烦的时候，勇士很容易分心，总是想"还有很多时间，我等一会儿再做"。勇士就像鲨鱼一样，必须不断运动保持活力，或者至少让自己感到有活力。

艾米丽是一名精力充沛、积极活跃的高一学生。她在攀岩、跳舞或玩电子游戏时总能全身心地投入其中。但是，当任务缺乏刺激性或挑战性，不能吸引她的时候，她就会拖延。艾米丽说："我讨厌无聊。"家人和朋友也赞同这一点。

最典型的例子是，艾米丽原本有机会去瑞典做一年交换生。她想去旅游，所以毫不犹豫地报名了。但是，她没想到需要准备这么多申请材料，需要一直坐着仔细回答问题——这对她来说太无聊了，每当这时候，她都会分神。如果朋友发短信邀请她一起打网游，她就更难专注了。虽然艾米丽在最后一刻竭尽全力，但还是没有及时拿到所有推荐信，错过了申请的截止日期。

勇士的动力源于刺激、机会和兴奋感——用一个词来形容，那就是全身心投入（engagement）。进入状态时，勇士

变得超级专注——时间流逝的感觉消失了，他们可以出色地完成任务。遗憾的是，全身心投入让勇士忘了其他所有事情，彻底忘记其他任务的截止日期。他们认为还有很多时间，但是当回过神来的时候，就会惊讶地发现这些任务就要截止了！

相反，在没有全身心投入时，勇士感到度日如年，很容易被其他事物吸引。勇士认为打扫房间、收拾书包、做作业等日常琐事就像在海底奔跑一样，是不可能完成的任务。他们虽然想完成所有的家庭作业，也想为考试做好准备，但是开始行动的动力不足；不过，一旦他们抽出时间来学习或写作，就会变得非常投入，迫切地想要完成它，把它排在任务清单的最前面。但是，勇士的时间知觉与实际不符，因此很难制订合理的日常计划。

对勇士来说，与朋友聚会或骑车兜风甚至都是个问题——他沉浸在当下所做的事情中，朋友都到了家门口，他还没准备好。别人批评勇士干什么事情都磨蹭，这种感觉糟透了。但是，除非有一项活动需要他马上参与，否则，一旦他认为没必要立刻行动，就很容易忘掉它。比如，勇士打算出去跑步，但觉得还有很多时间，于是开始看电影，直到父母说应该去祖父母家吃晚饭（他忘记了这件事），他才发现自己没有时间去跑步了。

勇士的核心价值观是全身心投入，他在追逐刺激和挑战上是永无止境的。勇士渴望获胜、旅行、培养爱好或者锻炼身体，总是兴致勃勃地付诸行动；但是，当遇到烦琐的步骤，不得不完成它们才能继续推进时,他就开始泄气了,出现拖延。

对勇士来说,最可靠的动力是截止日期来临时带来的压力——当必须立刻高效地完成某件事的时候,即便它很无聊,勇士也会觉得它充满乐趣。他们可能在交论文的前一天晚上才能找到最佳的写作思路;也可能在高速公路上抛锚时,立刻开始处理已经忽略了好几周的发动机故障;而最能激励勇士做顿大餐的,就是一整天都忙着做事,忘了吃饭,突然感到饥饿的时候。

另一个动力是父母或朋友的唠叨——做完他们要求的事情是让他们停止唠叨的唯一办法。但是,勇士在他人的催促下完成任务,这让双方都感到疲累。

当任务不需要立刻完成,也没有人唠叨的时候,勇士会怎么做呢?比如,他可能想得到一份工作来获得报酬,甚至喜欢找工作的过程,但是觉得下载并填写工作申请表非常麻烦。而在填写在线申请表时,他又突然收到社交媒体的提示信息,然后就彻底忘了申请这件事,直到职位招满。

放弃不感兴趣的任务,转而去做其他事情,再加上不善于时间管理,这使勇士的生活一片混乱——低血糖引起的情绪波动,成绩差,父母、家长、朋友的气恼和

指责让勇士们羞愧失望，感到很气馁。因此，他又回到喜欢的趣味性活动，并沉浸其中，完全忘记了需要完成的任务。

> **练习：你是勇士吗？**
>
> 阅读下面的十道自测题，如果你符合五条或五条以上的表述，你的拖延问题就是由勇士的特质导致的。
>
> ☐ 我很难做到有条不紊，特别是在完成学校作业时。
> ☐ 我很难坚持做一件事。
> ☐ 我很难一次只做一件事。
> ☐ 我不想做的事，我就会拖延。
> ☐ 我很难坚持完成我觉得无聊的任务。
> ☐ 我很容易忘记任务，而为其他的事情分神。
> ☐ 我认为许多家庭作业都很无聊，不想付诸努力，提不起兴趣。
> ☐ 我很容易感到厌烦，想要站起来四处走动。
> ☐ 我做事常常虎头蛇尾。
> ☐ 除非我对某件事特别感兴趣，否则我很难长时间坐着完成它。

勇士具有全身心投入的信念，因此能够出色地完成任务——充沛的精力和专注力就像超能力。但是，即使超人也有克星，勇士的克星是厌倦感以及错误的时间知觉。当一项任务不能吸引他的时候，时间似乎停滞下来，其他事物却充满了诱惑。即使对目标充满兴趣，勇士也可能因对途中所需完成的任务感到厌烦而放弃行动，进而没有机会面对他本可以享受其中的新挑战。

试图让所有人都满意的讨好者

继续回到巴黎，故事仍在继续……

第三组马上开始行动。芳登夫人对此次活动如此热衷，他们想让她开心。到了中午，他们参观的景点已经过半了。之后，他们来到蒙马特著名的街区，一位街头艺术家走过来，提出要为其中一个学生画一幅肖像。为了不让他失望，这个学生同意了。另一个卖项链的小贩叫住了他们，他们都很难把"不了，谢谢"说出口，觉得应该瞧一瞧。艺术家、小贩、哑剧演员不断上来纠缠，每当他们想离开的时候，哑剧演员就会做鬼脸、假装哭泣，直到下午他们才脱身。夕阳西下，他们才匆匆忙忙参观完剩下的景点。

这个小组代表着另一类拖延者——讨好者。即使是对待陌生人，讨好者也不愿意让对方失望，他们会不顾自己的需要去满足别人。那些把社交关系看得比自己的事情更重要的人就是讨好者。

雅典娜是我见过的最善解人意的姑娘。她的家人半开玩笑地说她是个"乖女儿"。雅典娜总是很容易交到朋友——她的男朋友是她从大学一年级开始交往的，几个闺蜜是从小学就结识的。虽然长期关系给她带来很多快乐和安全感，但是，维持这些关系有时也要付出代价。

有一天，他们全家打算去山庄过周末，雅典娜期待很久了。他们打算一大早起床，开四个小时的车，再徒步旅行，最后在预定好的木屋里住下来。为了这次旅行，雅典娜还买了新照相机。她打算周五晚上读一读照相机使用手册，收拾衣服，早点上床睡觉。更令她兴奋的是，父母答应让她开一会儿车。

不过，周五的早晨，雅典娜的男友打电话过来，说他有两张当晚的乐团演出票，那可是他最喜欢的乐团。她不想让他扫兴，心想"难得他这么高兴，我可以今天下午收拾行李，准备出游的东西"。

雅典娜刚开始收拾行李，就被一条短信打断了。闺蜜要去购物，坚持

要她一起去。她既不想购物,也不想看演出,但是,她知道如果拒绝,闺蜜不会发火,但会有些抱怨。于是,在与男友约会之前,她和闺蜜一起去购物了。

凌晨一点,雅典娜起来收拾行李;她困得没法开车了。她没时间弄明白怎样使用新相机,所以她也没有拍照。虽然她不想让家人失望,竭力保持兴高采烈的状态,但是,这对雅典娜来说实在称不上是愉快的体验。

我们和雅典娜一样,都有家人、朋友和社交群体,你会非常渴望别人喜欢你吗?当觉得自己所做的事情令人不快的时候,你会担心别人因此失望,不再喜欢你吗?会担心别人拒绝或抛下你吗?这样想,就会觉得所有令人不快的活动或任务都具有威胁性,并想办法拖着不做。例如,当讨好者长期没有联系一位朋友时,即使很关心对方,他也会犹豫要不要打电话。因为一直没有联系,他害怕被朋友埋怨——拖得越久,就越难打电话。再如,妹妹找你借东西,但你不想借给她——这时,讨好者会怀疑自己是不是有点自私。如果不确定自己百分之百占理,他就不会拒绝别人。平衡自己和他人的需要,让讨好者感到不知所措。

虽然讨好者有自己的看法和偏好,但和他人意见不一致的时候,他不敢表达出来。例如,与朋友一起制订计划,讨好者总会想着别人的期望,而不顾自己的期望。他认为自己有责任让别人感到快乐，如果别人感到失望，那就是自己的错。因此，他通常等着别人决定到哪里玩、去哪里吃饭、去看哪场电影。

我们需要做作业、做家务、找工作，但讨好者忙着为他人做事，把待办任务搁置一边。为了不让朋友失望而秒回短信就是认为别人的需要比自己的更重要的典型反应。讨好者常为完不成任务找到各种各样的借口，或者谎称已经完成了没做完的事，又对此非常愧疚。

讨好者的核心价值观是社会关系，他们只会做那些他们认为所有人都赞同的行为。当被别人需要的时候，个人事务就被搁到一边。讨好者坚信只做自己的事情会让别人失望，会威胁到关系。表达令人不适的事实或者坚持自己的观点等行为也会令人失望，因此，他们会尽量拖延。

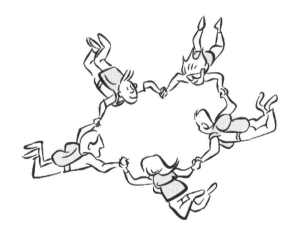

> **练习：你是讨好者吗？**
>
> 阅读以下十道自测题。如果你符合五项或五项以上的表述，你就是讨好者，你的拖延是由讨好者的特质引起的。
>
> ☐ 我先考虑别人的需要，后考虑自己的需要。
> ☐ 我会因拖延感到愧疚，并告诉自己"我应该完成它"。
> ☐ 当我不确定某件事的时候，我会迟迟不做决定。
> ☐ 我经常答应做我不想做的事情，然后一拖再拖。
> ☐ 我很难拒绝别人。
> ☐ 有些事情是我应该做但不想做的。
> ☐ 如果我表达的观点或偏好惹恼了别人，我会觉得责任在我身上。
> ☐ 如果他人能替我做决定，那就再好不过了。
> ☐ 如果我知道我要说的话会惹恼对方，我就不会说出来。
> ☐ 我不喜欢令他人感到失望。

讨好者比其他任何人都更想建立深厚的友谊和亲密感，他们认为社会关系比其他事情更重要，并为此付出全力。但是，当出发点是让他人高兴时，我们并没有展现真正的自我。如果不够真诚，我们就无法拥有所渴望的、深入的、真挚的关系。

不愿听从别人安排的对抗者

我们再回到这个故事。

最后一组学生都认为"这次打卡活动太荒唐了!巴士底广场居然不在清单上!哪有比中世纪监狱更酷的地方呢?"他们自行去游览了那些艰险的、游人稀少的景点。下午,他们与当地的少年攀谈起来,这些少年答应当晚带他们去看一个知名乐队的表演。他们想起延长宵禁的奖励,想用这段时间来看表演,于是开始疯狂地完成打卡活动。唉,就像其他学生一样,他们没有赢得奖励,并感到很沮丧。

这个小组代表着第四类拖延者——对抗者。除非认为某项任务有意义,否则他们不会遵照别人的指令。如果任务是由老师或家长指派的,他们会尽可能拖延任务。只有当对抗者看到对抗带来的消极后果时,他们才会行动。

泰勒的自我意识很强。他的父母开玩笑说,泰勒说的第一个词是"不",让泰勒做任何事情,都必须经过他的同意,否则他将认为这是在浪费时间,就会拖着不做。

泰勒对自己的事情充满热情和干劲。到了十六岁,他包揽了所有与汽车有关的家务:洗车、打蜡、保持车内清洁,还学会了如何更换润滑油。他认为如果他打算开车,就应该保持汽车外观整洁与性能良好。可是,泰勒觉得修剪草坪等家务毫无意义,总是拒绝承担,这让他的父母有点抓狂。唯一能让他修剪草坪的方法是父亲施加惩罚——在舞会当晚没收车钥匙。

在泰勒看来,容易让步的人就像绵羊一样,缺乏独立性和自我认同感。只有要付出的代价足够大时,泰勒才同意做那些他认为不公平或者愚蠢的任务。

对抗者看中的是独立思考——控制自己的生活,而不是被别人控制。对抗者是独立自由的思考者,他们不想遵守规则,也不会因为有规则就去遵守——

他们只遵守公平合理的规则。

在学校里,即使一些严格或琐碎的作业会影响对抗者的成绩,他们也经常拖延,直到测验当天的早晨才开始学习。然而,如果作业是有趣的、合理的,他们就会立刻去做。在对抗者看来,自己的拖延问题是"愚蠢"老师的错。

对抗者认为重要的是"任务的提出者是谁"——如果是自己想要打扫房间,那么他会充满热情地做卫生,但是如果家长走过来说"看到你主动打扫房间,我感到很高兴",他可能感到自己的想法被"偷走"了,心想"我不能如他们所愿",于是就不再打扫房间了;如果对抗者本想健身,但又有别人告诉他应该这么做,他就会拖着不做。每当由别人决定应该做什么的时候,对抗者都没有太大兴趣——这违背了他们的原则。他们甚至觉得,赞同朋友关于做什么或者去哪里的建议,都像是向敌人投降一样。

对抗者的核心价值观是独立。对他们来说,当他人的要求是不公平、不合理或者无趣的时候,与他人合作就像在出卖灵魂——对抗者会拖延任何让他感到被强迫(而非吸引)的任务。

> **练习：你是对抗者吗？**
>
> 阅读以下十道自测题。如果你符合五项或五项以上表述，你的拖延就是由对抗者的特质导致的。
>
> ☐ 如果我认为某件事是不公平的，我就不会做。
> ☐ 我认为人们并不认可我所做的事情。
> ☐ 人们认为我很固执。
> ☐ 别人越强迫我做某件事，我越不可能去做。
> ☐ 如果有人想让我做愚蠢的事情，我会拒绝。
> ☐ 如果我想做某件事情，我会尽力完成它。
> ☐ 我认为别人总是专横的，有很强的控制欲。
> ☐ 我只是为了否定而否定别人的意见。
> ☐ 当某人或某事妨碍了我想做的事情时，我会感到生气。
> ☐ 我是一个独立思考的人。

对抗者追求独立，这使他们可能拥有成功的人生和独特的性格。不过，如果实现成功的道路不能只依靠个人力量，还需要遵循指令或者与他人合作，那么，对抗者就可能会陷入困境——如果太固执己见，将没有办法得到别人的指导，反而错过了想要的独立。

小结

　　四类拖延者分别有自己的拖延风格，每一种都有独特的思维方式与感受方式。你是必须把事情做好的完美主义者，必须全身心投入的勇士，必须取悦别人的讨好者，还是拒绝要求和合作的对抗者呢？

　　不要马上回答。我们每个人都有不同的拖延问题。无论你的拖延属于单一类型还是混合类型，你都曾从中获益。为了进一步理解这四种类型，我们将在下一章中揭示每种类型独有的思维方式。

为什么拖拉磨蹭顽疾难除？

拖延就像其他问题一样，经常让人感到后悔。面对错过的截止日期或机会，我们都会自责："我当时在想什么呢？"

拖延时，你可能会想"我过一会儿再做这件事""还有很多时间呢""我现在不能做，因为……"这些都是逃避任务的典型想法，它们使你的拖延变得合理。而且，这些想法如果经常出现，会阻碍你实现更远大的目标——总是想"我过一会儿再做这件事"，可能使你通不过驾照考试、得不到暑假实习、考不上心仪的大学。

逃避任务的想法不是可靠的行为指引，但它们快速、自动地占据了我们的头脑；它们变化多样，很难一次性被解决。在与来访者一起工作时，我发现找出根本信念是极为有效的方法，这些信念（通常是隐藏地）促生了逃避任务的想法，它们是拖延问题的核心。

你头脑中的某些信念在捣乱

完美主义者——"犯错等于失败"

乔丹要写一篇关于"喧哗与骚动"的英语论文，他对此感到有些惶恐。他认为这是自己读过的最有挑战性的书，必须就作者运用意识流的创作手法以及失去声誉与宗教信仰的主题提出问题。这不是乔丹所擅长的事情——他对代数与西班牙语课程更感兴趣——但是，乔丹有能力完成这篇论文。我问他，如果把自己的想法写下来，会发生什么。

乔丹回答："我会搞砸的，我不知道老师想要什么。"

我："如果老师认为你错了，那会发生什么？"

乔丹："她会给我打低分。"

我："然后会发生什么？"

乔丹："我的英文成绩将会是C。你想我的学分绩点会怎样呢？"

我："如果你的学分绩点很低，那会发生什么？"

乔丹："我就上不了好大学。所有人都会认为我是个失败者。"

乔丹的根本信念是显而易见的。他认为如果犯错，他就是个失败者，还会失去别人的尊重。为了确保他在班级中的地位，乔丹坚持"我不能犯错误"的原则。

完美主义者的潜在信念影响了他们所有的想法，即使是最简单的任务，也要提高标准。每当不确定自己是否能完美地完成任务时，这些信念就会被触发。如图1所示，只有树根和树枝的树是光秃秃的——除了做到完美，就没有其他选择了。

图1　完美主义者的潜在信念

不过，这些逃避任务的想法难道有什么不对吗？乔丹写了一篇论文，老师打了低分，拉低了他的学分绩点——这让他上不了心仪的大学……或许如此，但并不一定。一定的是，他越坚持自己的根本信念和逃避任务的想法，他用来完成论文并取得优异成绩的时间就越少。

练习：识别逃避任务的想法和根本信念

1. 想一想你正在拖延的事情，并把它写下来。这可能是一项家务活、一份作业、把某件事告诉某人、健身等。

2. 问问自己：我为什么不能立刻开始？如果我现在开始，我在害怕什么？最糟糕的事情是什么？列出最先进入脑海的想法——正是它让我们逃避任务。

3. 把你认为最正确或最沮丧（或者兼而有之）的一个想法圈出来（乔丹最沮丧的想法是他可能得到较差的分数）。

4. 问一问自己，如果想法成真，最糟糕的事情是什么？它会不会影响我的生活？会不会影响我的未来？把答案写下来。

5. 重复步骤4，直到识别出想法树中的根本信念。

勇士——"我必须有动力"

周四放学后,艾米丽决定打扫一下她的房间。朋友们将在星期五过来度周末,她想把房间收拾得舒适干净一些。没过多久,她看到一篇有趣的文章,迫不及待地想要分享。之后,她觉得饿了,心想"我先吃点东西,将会更有精力"。接着,她接到闺蜜的电话,说商场正在大减价。艾米丽想:"还有很多时间呢!"她从商场回来,妈妈责备她又错过了家庭聚餐。艾米丽很恼火。打扫房间很无聊,她收到了朋友邀她一起在线打游戏的短信,她想"我就玩一会儿"……几个小时过去了,艾米丽发现该睡觉了——"唉,我太累了。我明天一放学就打扫房间。"最后,在朋友到来前的几分钟,艾米丽只好把所有的东西堆到床底、塞进柜子里。

只要有趣的活动存在,艾米丽就没有动力去完成那些无聊的任务。不过,她是真的想打扫房间,迎接朋友们。妨碍艾米丽打扫房间的根本信念是什么?为了洞悉原因,我问艾米丽如果她先打扫房间,而不是先分享文章,将会发生什么。

艾米丽:"我知道,当我不想做一件事情时,我就不会做好。我真的想看那篇文章,并把它分享给朋友。如果不马上这么做,我觉得我会错过一个很好的机会。"

我:"尽管有这样的顾虑,但是,如果你继续打扫房间,那会发生什么呢?"

艾米丽:"我会感到厌烦和无聊,我觉得我错过了有趣的事。"

我:"如果你继续打扫房间呢?"

艾米丽:"我不会这么做。分享趣闻更重要,它不会花太多时间。打扫房间则需要几个小时,只要明天打扫干净就行了。"

艾米丽的根本信念逐渐显露出来。她认为令她感到兴奋的事情就是更紧迫的事情。在勇士们看来,有趣好玩的活动远胜于其他任务。(至少在潜意识层面)他们认为如果一项任务不能吸引自己,那么它根本不重要。就像所有的勇士一样,艾米丽关于任务的根本信念是我必须有动力——这扭曲了勇士的思考,使他们认为拖延那些无趣的任务是合情合理的(图2)。

图2 勇士的潜在信念

艾米丽认为别的事情如此重要，以致她拖着不打扫房间。它们确实更重要吗？分享趣闻立刻让她赢得朋友们的赞叹；吃零食、逛街、玩电子游戏，可能是她再也无法得到的特别体验——艾米丽不确定为朋友的到来打扫房间是否值得她错过这些体验。艾米丽能确定的是，只要她坚守"我必须有动力"的信念，她就会继续做那些有趣的活动，推迟那些无趣的活动——甚至是对人生很重要的任务。

讨好者——"绝不能令人失望"

雅典娜十分沮丧，重重地坐了下来。三周之前，她答应和男友、其他朋友一起野营。不过，明天就是野营的日子了，她还没有征得父母的同意。

除非是她的核心价值观受到威胁，否则雅典娜不会让自己陷入这样的困境。为了帮助她发现自己的核心价值观是什么，我和雅典娜一起完成了问答练习。请注意我提出的每个问题如何一步步接近她的恐惧。

我："如果你与父母谈一谈，将会发生什么？"

雅典娜："我与男朋友出去过夜，即使还有别人，也会让他们感到失望。"

我："如果他们感到失望，这对你来说意味着什么？"

雅典娜："他们会拒绝我的要求。在计划落定之前，我应该马上回到他们身边。"

我："如果真的是这样，你害怕会发生什么事情？"

雅典娜："我会惹他们生气，男朋友会因为我不去而发火。"

我："如果真的是这样，这对你来说意味着什么？"

雅典娜："每个人都会讨厌我！我会感到孤独！"

显然，雅典娜的核心价值观受到威胁。她认为为了维持与父母、男朋友之间的关系，她要让他们感到高兴。雅典娜的根本信念是"如果我让我爱的人感到失望,他们就会不理我"。

每当面临那些可能令人失望的情境时,"我必须取悦他人,决不能令人失望"的潜在信念成为自动化思维的来源。(图3)

图3 讨好者的潜在信念

讨好者从来都不相信,惹恼别人并不会让别人拒绝你。雅典娜需要知道,她越坚持"我必须取悦他人"的潜在信念,越可能搞砸与父母、男朋友之间的关系。

对抗者——"绝不能向他人屈服"

泰勒来咨询时非常沮丧。虽然他以为自己的历史期末论文棒极了,但只得了 70 分。泰勒非常聪明,我并不怀疑这一点。

泰勒的问题是老师要求标注引用文献,并列出参考书目。在泰勒看来,没有必要记录研究过程,这只会让他放慢速度,于是,他一直拖着不做。交稿日期来临,他来不及重写了,只能交一篇未完成的论文。泰勒问道:"老师为什么要设定这么荒唐的限制呢?它只能使你写不出优秀的论文!"

泰勒总会出现类似的状况,他是班级中的佼佼者,但在某些学科上几乎要挂科。泰勒不愿意遵循指令,这让他很难发挥自己的创造力和智力,获得应得的分数。为了发现导致对抗的原因,我问泰勒,如果他在一开始标注引用文献,将会发生什么。

泰勒:"我会觉得很蠢。只因为他人的要求就完成费时费力的工作,太丢脸了。"

我:"即使它让你感到丢脸,你还继续这么做,将会发生什么?"

泰勒:"我会讨厌自己。我会成为任人摆布的傀儡。"

对于泰勒来说,完成他不认可的作业意味着他的独立性受到了威胁,就像被人奴役了一样。和其他对抗者一样,泰勒认为如果他不能掌控任务,要听从他人的指令,就是向他人屈服,就会被利用与轻视。泰勒认为,"我决不能向他人屈服",因此他抗拒所有别人

给他的任务。(图4)

图4　抗拒者的潜在信念

泰勒完成历史老师布置的"烦冗的作业",就会丧失尊严与自我吗?他认为确实如此,却不清楚这会持续多久。如果泰勒一直认为他只能以自己的方式完成作业,那么,他将会得到较差的分数,让他更难实现独立。

小结

  拖延不是软弱、性格较差、懒惰或失败的标志，而是人们的核心价值观面临挑战时的正常反应。当面对可能会失败的任务时，完美主义者"追求卓越"的核心价值观受到威胁；当要完成那些无趣的任务时，勇士"全身心投入"的核心价值观受到威胁；当想说出令人不满的言语或者做出令人失望的事情时，讨好者"形成良好关系"的核心价值观受到威胁；当感到自己被控制时，对抗者"追求独立"的核心价值观受到威胁。这时，我们的根本信念被激活，产生逃避任务的想法，继而使拖延行为合理化。

  与逃避任务的想法和根本信念相一致的行为保护我们的核心价值观不受冲击，但是这让事情变得更加糟糕。这些想法为什么如此强大？为什么我们总认为自己应该逃避那些最终要面对的任务？为了回答这些问题，接下来我会解释那些让我们重蹈覆辙的驱动力。

消极情绪和分心让你陷入恶性循环

"我决不能犯错误。""我必须有动力。""我决不能让别人失望。""我决不能向他人屈服。"从日常的经验来看,我们会发现这些根本信念是不太可靠的。然而,如果它们不一定正确,还会使我们背离目标与价值观,我们为什么还是会深信不疑呢?

根本信念具有普通想法不具备的特质——它们看上去是正确的。比如,你觉得任务的确妨碍了你对卓越的追求,的确无趣又冗繁,的确威胁到社交关系,或者的确影响了你的独立性。

而一想到任务,我们首先感受到的是情绪。情绪帮助我们了解继续推进任务是不是安全有利的。积极的情绪告诉我们"一切尽在掌握，可以继续做下去"，而消极的情绪则表明这项任务是错误的，并使我们产生逃避任务的想法。

如果任务存在失败的风险，那么完美主义者会感到担心、焦虑与困扰。这些情绪使他们产生"等我思路清晰时再完成它"的逃避想法。

如果任务是无趣的，勇士会感到厌烦、恼火和无聊。这些情绪使他们产生"没必要现在就做"的逃避想法。

如果任务会让在意的人感到失望，讨好者会感到忧虑、内疚和羞愧。这些情绪使他们产生"我要先顾及他们，我自己的事情可以等一等"的逃避想法。

如果任务是由他人安排的或者看似没有意义的，对抗者会感到无助、困惑和恼火。这些情绪使他们产生"这太蠢了，等会儿再做"的逃避想法。

从短期来看，拖延让我们得到最想要的东西——立刻摆脱消极情绪。这恰恰是对拖延行为的奖励，我们也更有可能因此再一次出现拖延。

拖延的恶性循环如下所示：

1. 我们思考一项任务；
2. 思考触发了根本信念，伴随着消极的情绪；

3. 消极情绪引发了逃避任务的想法；

4. 逃避的想法使我们拖延任务，而拖延带来的解脱感进一步助长了拖延的行为。

另一种诱发拖延的因素是分散注意力的事物。诸如看电影或者使用社交媒体等令人分心的活动，不仅能缓解任务带来的消极情绪，还会产生积极情绪，这让拖延行为得到了双重的奖励。

逃避和分散注意力互相补充：我们一方面被消极情绪推离了重要的工作，另一方面又被推向那些令人愉悦的活动。它们带来双重的破坏作用，我把这称为拖延的怪圈（procrastination cycle）（图5）。

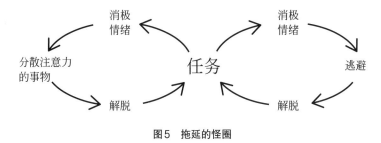

图5　拖延的怪圈

我们想要消除消极情绪、获得积极情绪，这并不是错误的、软弱的或愚蠢的做法。数千年以来，情绪已经成为人类可以信赖的生存指南。野生动物的号叫怒吼使我们的祖先感到害怕，让他们保持警惕；蟋蟀的叫声告诉他们这里是安全的。消除消极情绪、获得积极情绪是人类常见的做法，每个人都不例外。

不过，当任务触发了我们的消极情绪，但它又具有重要意义时，自动反应系统就会失灵——我们只能暂时摆脱消极情绪，却很难消除它们。在拖延的情境中，一切都是暂时的，减轻痛苦也是暂时的。

例如，考试前的复习会让完美主义者冒犯错误的风险，会让勇士感到无聊，会让对抗者觉得没有意义而感到恼火。但是，逃避学习，或者分心去做其他事情，并不会让我们完全忘记即将到来的测验，内疚和担心时常困扰着我们，恐惧和慌张也随之而来，在考试前的那天晚上，痛苦达到了顶点。这时，逃避学习与分散注意力已经不起任何作用了。消除情绪的唯一方式是临阵磨枪，比如通宵复习。

随着考试日期的临近，利用恐惧和慌张完成复习任务并通过考试，这只是暂时停止，而不是打破了拖延的怪圈。当复习任务再一次到来时，消极情绪也会卷土重来，我们又被分散注意力的事物吸引，潜藏的信念没有任何改变。"我决不能犯错""我必须有动力""我决不能让别人失望""我决不能向他人屈服"的信念将怪圈激活，相同的行为再次出现。

我们如果总是无法竭力按时完成重要的任务，将会产生更深层的次级消极情绪：挫折、后悔、自卑、生自己的气；最糟糕的是，我们还会羞愧和抑郁，这是拖延导致的最严重的、最长久的后果。不幸的是，当我们感到羞愧和抑郁的时候，无论自己有多优秀，无论自己已经拥有多么稳固的社会关系、动力以及独立性，我们都无法享受其中。只要潜藏的信念不被打破，我们便很难达成目标。

至此，我们已经分析了导致拖延怪圈的核心价值观、根本信念、消极情绪以及行为，接下来我们可以做出改变了。后面我将介绍一些有效的工具，帮助你掌控拖延，成为生活的主人。这些工具将帮助你挑战根本信念，应对消极情绪，统筹困难的任务，使之变得更容易。

当然，这些工具只有在使用它们的人手中才是有效的；而且，要有动力去使用它们。拖延类自助书籍的悖论之一是作者让你做的任何事情本质上都是一项任务，打破拖延的怪圈更是一项艰巨的任务。因此，读者需要下定决心，耗费很多精力才能做出改变。你也许会想："在我的生活中需要做的事情太多了，不要再给我安排任务了！"或"我以后再解决我的拖延问题吧！"因此，下面我们将迈出打破拖延怪圈的关键性的第一步——挖掘个人动机——它将让我们下定决心，激励我们完成那些需要做的事情。

彻底告别拖拉磨蹭的五步练习法

第一步　找到开始行动的动力

在我与雅典娜进行第一次会谈的时候，她说她最大的问题是完成大学申请。她上高三了，当时是十二月上旬，时间紧迫。去年春天，父母和她一起把申请学校范围缩减至五所，那时，她的大多数朋友已经提交了申请。她男朋友的第一志愿与她的一样，他迫不及待地想帮雅典娜发送申请材料。"我知道我应该申请，但是我没有完成，"雅典娜告诉我，"我感到非常惭愧！"

许多人都被这样教导：通过激发羞耻心，我们不仅能使自己做出正确的行为，还可以完成需要完成的任务并承担更多的责任。如果依靠这种方式做事，我们会把成功看作暂时的，因为总有其他任务在等着我们，所以我们需要更多的羞耻心和动力才能推动自己完成任务。即使雅典娜能鞭策自己完成大学申请，她也准备好在接下来的四年里继续鞭策自己吗？雅典娜需要更持久的推动力，我想知道这个动力是什么。

我问她："你为什么想申请大学呢？"

雅典娜茫然地看着我。经过一段很长的沉默，她说："为了让每个人都高兴。"说完，她哭了起来。

雅典娜平复下来，继续和我交谈，她为什么会拖延的谜题被解开了。雅典娜在暑假打工的时候结识了一些新朋友，其中很多人没有直接上大学，而是选择了工作和旅行。这个想法让她感到兴奋不已。雅典娜还没有清晰的职业规划，她无法想象自己去学习那些不一定感兴趣的大学课程会怎样，也不确定是否要在高中毕业后与男友继续交往——在上大学前度过一个间隔年，似乎是一个认识新朋友、思考人生目标的完美方式。

雅典娜拖延的事情不是申请大学，而是告诉父母和男友自己还没做好准备。就像所有讨好者一样，她不想使任何人失望，如果她说出真正想做的事情，说出自己想度过一个间隔年，一定会让别人失望。

作为孩子，我们靠父母获得一切——食物、住所、情感支持。我们无意识地接受他们的价值观，认可他们的教导。随着我们的成长，依赖对象变成老师和同伴，直到我们成年，我们开始掌控自己的生活，为自己负责。十几岁的青少年开始建立自我意识，探索"什么是重要的"——我们会产生自己独特的动机，准备实现自己想要的生活。

我问雅典娜她想不想更深入地了解她真实的拖延问题——告诉父母和男友她想要在高中毕业后度过一个间隔年，她同意了。

我建议雅典娜做一个小练习。练习的目的是分析"拖着不宣布间隔年计划"这种做法的好处和坏处——我把它叫作拖延利弊清单。我拉过来一块白板，在中间画了一条线。"咱们从优点开始。"我说，递给她一支马克笔。"你不把间隔年的计划告诉他们，有什么好处呢？"雅典娜接过马克笔，开始写了起来。

拖延的好处

- 我不用承受告诉他们的焦虑感。
- 我不用承受他们对我的失望或愤怒。
- 我不用应付别人对我这项计划的看法。

雅典娜拖着不说的原因有一个相同的主题：她对别人的失望感到焦虑。这对雅典娜这样的讨好者来说可不是一件小事情。维护社交关系是讨好者的核心价值观，他们会尽可能地避免所有威胁社交关系的任务。在让雅典娜困扰了几个月的冲突之中，我们找到了问题的核心。

尽管雅典娜说出计划之后，别人会感到失望，但是，我想知道这样做还有什么好处。出于这个目的，我让她列出拖延的坏处。她写道：

拖延的坏处

- 除非我说出我想做的事情，否则他们一直会唠叨填写申请表的事。
- 我越拖着不告诉他们，等到他们发现的时候就会越伤心。
- 我没有坚持自己的想法。
- 我对他们不真诚。

在"坏处"这一侧，我们注意到这一点：雅典娜很看重真诚的关系。如果没有真诚，她与父母、男友的关系就不值得珍视了。这是讨好者可以用来战胜拖延的动机。雅典娜说："我意识到不告诉他们就是欺骗他们，所以我必须告诉他们。"

雅典娜的拖延利弊清单不仅揭示了她的问题，也揭示了解决问题的办法。当我们清晰地看到问题的核心以及选择的利弊时，就会更清楚自己为什么要去完成困难的任务了。雅典娜准备为自己的选择承担责任，这不是为了别人，而是为了她自己。她准备接受这项任务。

在尝试使用本书中的任何工具之前，我们要认识到，除非拖延弊大于利，否则我们不太可能有充足的动力去改变。如果接受任务的动机不够强烈，那么任何努力可能都是徒劳的。找到动机是第一步。

......

让我们看看"掌控感"的问题是如何影响对抗者泰勒的。

泰勒一直不复习，结果历史考试的成绩很差。不过，为了提高成绩，老师给了他一个补考的机会，让他写一篇关于他最钦佩的美国总统的文章。这个作业并没有激发泰勒的动力。他说："这样做是对老师**唯命是从**。"

泰勒的感受正是对抗者在面对无聊的学校作业时的常见反应。

我觉得泰勒也许能从拖延利弊清单中得到启发。我说："为了让我更好地了解你的想法，你能把不写这篇文章的所有好处都写下来吗？"

泰勒喜欢这个主意。他很快就列出了不写作业的三个理由。之后，我让他列出拖延的坏处，他在思考时遇到一点困难。不过，他还是想出了他不应该拖延的三个理由。写完之后，泰勒看着拖延利弊清单，产生了新的感受。

任务：撰写补考的文章

拖延的好处：

- 我不用做不想做的事。
- 我可以有更多的时间做那些我认为重要的事。
- 我不会给老师留下"为了获得好分数，就对老师唯命是从"的印象。

拖延的坏处：

- 我的历史成绩很差。
- 学分绩点低，可能会影响到我上大学的机会。
- 这件事不难，我会因为拖延而后悔。

其中一条理由比其他理由更重要，就是写完这篇文章，即使它是一篇平庸之作，也能提高学分绩点，提高他上大学的机会。泰勒想离开父母家，甚至希望离开这个州。

泰勒意识到拒绝补考将会阻碍他实现目标。现在，这项作业不再是无意义的工作，而是泰勒整体计划的一部分。他准备做这项作业。

练习：拖延利弊清单

你有没有那种不确定是否想做的任务呢？拖延利弊清单是一个好用的决策工具。

1. 想出一项你一直拖延的任务。
2. 列出拖延的所有好处，例如不必做困难或无聊的事情、不必面对可能的失败或者不用向他人屈服。
3. 接下来，列出拖延的所有坏处，例如感到内疚、不能充分享受正在做的事、没有足够的时间做好、不得不听别人唠叨。

一旦你列出了所有的好处和坏处，你就能决定你是否想做这项任务了。

记住，拖延利弊清单并不是一道数学题——我们不能简单地把所有优点或所有缺点加起来，然后进行比较得出最后的结果。通过明确拖延的利弊，我们会发现：①自己一直逃避任务的原因；②能让自己完成这项任务的动力是什么——这两个问题都涉及核心价值观。在我们出现拖延的时候，讨好者对关系的需要、对抗者对独立的需要、勇士对全身心投入的需要、完美主义者对卓越的需要都在起作用。

识别这些触发拖延的核心价值观是找到停止拖延的动力的关键。当泰勒意识到这项作业能让他离独立的目标更近一点时，他就准备行动了。从某种意义上说，写完这篇文章成为一种离开家、摆脱父母和老师掌控的对抗行为。泰勒释放出对抗者潜在的力量——他对独立的渴望。现在，对"唯命是从"的担心已经不能阻止他了。

同样，只有加深社会关系，才能让讨好者产生动力。当雅典娜提醒自己"坦诚是建立真实关系的必要条件"时，她找到了实现间隔年计划的动力。这并不容易，可能会伤害别人的感情，但是，雅典娜遵循自己的内心，而不是父母和男友的愿望。如果她不这样做，他们之间的关系既不会真实，也不会深厚。

那么，其他类型的拖延者呢？勇士能完成一项无聊的任务吗？当然，前提是完成这项任务能让他更接近他想要的那种"投入"的感觉。跳伞者检查所有的接缝和绳索，然后仔细检查降落伞的开合，这不是出于对这项任务本身的内在热情，而是正确执行这项任务，才能保证他们全身心地投入跳伞活动。完美主义者能接受一项不一定能做好的任务吗？当然，前提是他认识到为了追求卓越，忍受不确定性和风险是必要的。成就的价值与风险是成正比的，这包括犯错误的风险、失败的风险以及感到难堪的风险。当利弊摆在我们眼前时，前景就会变得更清晰，选择也会更明确。

我知道，现在的青少年每天都被各种任务包围——如果你没有时间填写利弊清单或者情况不允许，那么可以采取一个简便的方法。面对不想做的任务时，问一问自己，"如果完成这个任务，其结果是否与我的核心价值观一致？"这样，你会快速地找到做事情的动力。

例如，每当泰勒被要求写论文、做家务或者帮忙的时候，他会问自己："与拖延相比，做这件事能让我更独立吗？"不管最初是谁安排的任务，如果答案是肯定的，泰勒就准备接受这项任务了。

无论是哪种类型的拖延，即便是面对再小的任务，我们都可以通过判断它是否与核心价值观一致，立刻找到动力。完美主义者会问，"哪一个选择更可能让我追求卓越：尝试，还是拖延？"勇士会问，"这项无聊的任务带来了更多有趣的机会，还是更少的机会？"讨好者会问，"这项任务会让我们的关系更深厚吗？"

如上所述，接受任务的过程是一种重新思考任务的心理练习，把任务从"我应该完成的事情"转变为"我想完成的事情",这一转变强调了我们的关键动机。如果缺乏动机,我们所做的任何努力都只是出于责任和义务,而不是出于对应对生活挑战的渴望;而当我们充分利用核心价值观(追求卓越、全身心投入、建立关系或渴望独立)的时候,就可以把事情做好了!

找到动机、接受任务是打破拖延怪圈的关键性的第一步。不过,第二步也同样重要。我将向你展示如何应对逃避任务的想法和根本信念,它们可能会威胁到你克服拖延的每一步。

第二步　驾驭情绪波动

培养新信念

完美主义者——"我可以犯错"

你可能还记得完美主义者乔丹,他正在努力写一篇关于"喧哗与骚动"的英语论文。在一次会谈中,我们一起完成了分析拖延利弊的练习。乔丹认识到拖延不会带来任何好处,而立刻写论文会让他有更多的时间完善它,让他获得更好的成绩,甚至提高学分绩点。

乔丹的愿望是他的学分绩点能让他上个好大学,毕竟,他的核心价值观是追求卓越。"我完全接受这项作业,"他告诉我,"这并不困难。不过,我的困难在于我会担心自己做错了,没有信心能完成它。"

像所有的完美主义拖延者一样,乔丹也有一个束缚他的根本信念——它既让乔丹感到这项任务是威胁性的,又让乔丹产生了逃避任务的想法,这些想法给了他拖延的理由。乔丹决不能犯错的信念意味着他必须写一篇完美无误的论文,必须比班里其他同学的论文更好。不过,这不太可能实现,因此,这项任务挑战了乔丹追求卓越的核心价值观,带着这样的根本信念,无论他多么想完成论文,都注定会拖延。

在之前的章节,我们形象化地展示了引发逃避任务想法的根本信念——乔丹能画出另一棵想法树吗?

我拿出白板,在白板的底部写下"我可以犯错"。"如果你相信这句话,会怎样?"我问。

乔丹摇了摇头。"我一直努力避免犯错,"他说,"如果我的核心价值观是追求卓越,为什么还要犯错呢?"

那些取得卓越成就的人不会犯错吗?完美主义者总是完美的吗?在观看芭蕾舞表演时,我们可能会这么想。但是,如果观看芭蕾舞演员的任何一次排练,我们都会看到她出现无数次失误,甚至为了达到完美的演绎而忍耐摔倒的痛苦。其他杰出的艺术家、发明家、科学家和企业家也是如此。高成就者不仅会犯错,而且大量证据表明他们比低成就者更愿意犯错。这是因为，做错事情是学习如何把事情做对的好方法，有时是唯一的方法。

正如各行各业的成功人士所展现的那样，为了取得杰出的成就，我们就必须愿意冒险。当我们不承认失败是可以做出的选择之一时，就会只允许自己去做那些有信心能做好的任务。然而，如果用"我可以犯错"的信念代替"我决不能犯错"的信念，我们会获得什么呢？

乔丹很感兴趣。在剩下的会谈时间里，我们绘制了一棵新的想法树（图6），树根写着"我可以犯错"。我在这里重现了这棵树，它对所有完美主义拖延者均适用。

图6　完美主义者的新信念

勇士——"我不一定要有动力"

勇士的根本信念是"我必须有动力"。勇士追求刺激与竞争,在全身心投入的情况下表现出色,但是,生活中的哪条道路会源源不断地提供刺激和竞争呢?

艾米丽喜欢攀岩,因为这需要她投入全部的精力与关注。在攀岩的时候,她进入全神贯注的状态,不关心周遭的事物。不过,为攀岩做准备才是真正的挑战。她往往还在手忙脚乱地收拾攀岩装备时,朋友们已经在门外按喇叭了。在他们到达目的地之后,艾米丽经常发现自己忘带了重要的用具,不得不借用别人的。准备工作对艾米丽来说是很无聊的事情,因此,她总拖到最后。这样,她往往得借别人的装备,她的成绩受到了影响,她也无法获得参加挑战性更高的高水平攀岩活动的资格。

勇士面临的最大挑战是如何从一个完全投入的情境进入下一个完全投入的情境,如何跨过两个情境之间无聊的状态。

即使是最"刺激"的职业,也需要定期进行准备与反思。跳伞者需要仔细检查与收拾自己的降落伞;警察需要盯几个小时才能抓住嫌疑人,然后必须写工作报告;四分卫❶需要在赛前研究战术,赛后观看比赛回放;每个士兵都会告诉你,99%的时间用来等待,1%的时间用来战斗;登山者为了登上险峰每晚都需要扎营——勇

---

❶ 四分卫是美式橄榄球的一个战术位置。——译者注。

士必须处理那些实现目标所需的烦冗的任务。如果你对一项任务毫无兴趣，但完成它能让你更接近自己的目标，你会怎么做？你能瞄准山顶，爬上山峰吗？你愿意放弃那些分散注意力的事物，去实现自己的目标吗？

这棵想法树让勇士愿意在没有动力的情况下开始行动（图7）。想一想，如果你带着这样的根本信念，能完成什么样的事情。

图7　勇士的新信念

讨好者——"我可以让别人不高兴"

讨好者的根本信念是"我决不能让别人失望"。虽然让朋友、家人或老师感到失望确实会影响到关系，但我们要问一问自己："如果为了维持关系而对别人不真诚，那么，我们的关系能深入吗？"

雅典娜为了迁就他人一直拖延自己想做的事情，并为此付出了代价。她没有待在家里收拾行李，研究照相机使用手册，安稳地睡一觉，而是选择和男朋友一起去听音乐会。这样做，她不仅否定了自己的需求，也掩盖了新照相机和家庭聚会对她来说有多么重要。当雅典娜装作不在意时，男友怎么能了解她的真实需求呢？

雅典娜时时刻刻都面临着真实性的问题。她总是避免表达不受欢迎的意见或做出影响他人的决定。但如果别人认为她很自私或者她是错的，她该怎么办呢？

她不做自己的作业，而是帮朋友做作业；她不练习弹吉他，而是开车送弟弟参加足球训练；她放弃闲暇的时间，而是为了取悦朋友参加聚会。这样做，雅典娜对自己和别人都是不真诚的。有时，她感到生气，甚至在一群朋友中间也会感到孤单。尽管她努力保持与他人的关系，但并没有得到她渴望的深厚关系。

这有点讽刺：讨好者虽然竭尽全力，但仍然没有得到最看重的亲密关系。如果你认为找到自己的幸福比让别人幸福更重要，那会发生什么呢？如果不考虑别人的需求，先处理好自己的事情，你相信你们的关系会继续下去吗？

这是雅典娜和我一起设计的想法树（图8），用来帮助执行那些她决定接受的任务。新的根本信念是，"我可以让别人不高兴"。

图8 讨好者的新信念

对抗者——"我可以与别人合作"

对抗者潜在的信念是"我决不能向他人屈服"。当我们接受一项别人分配的、自认为不公平或没必要的任务时,就是放弃了自己的独立性吗?泰勒认为是这样的。他的想法如此坚定,以致他拖延着不去完成任务,虽然这项任务有助于他得到自己想要的东西。例如,泰勒想要上大学、离开父母家,就需要以优异的成绩毕业,但是,如果他拖着不学他认为没必要的必修课程,拖着不做他认为愚蠢的作业,直到时间不够让他妥善完成,他就无法获得优异的成绩。

如果一项任务的完成关系到个人目标的实现,我们却因为害怕向他人屈服而不做这项任务,那么,我们放弃的可能是未来的独立性。不喜欢的任务就像跑步者遇到的障碍——越过它们才能赢得比赛!

对抗者必须接受所有的任务、命令、要求或最后时限吗?当然不是。不过,如果面对别人的要求,你的回答总是"不",那么就要思考一下拖延的利弊。如果完成任务符合你的利益呢?虽然这是别人分配的(或者你不赞同的)任务,但不代表你不会从完成任务中获益。

一旦泰勒决定要写补考论文,他就需要形成新的根本信念。如果他把"向别人屈服"改为"与别人合作"会怎样?妥协和合作是实现所有目标所需的技能,这里的目标也包括个人的独立和正直。

对于泰勒和所有对抗者来说,更好的做事原则是"如果这项任务符合我的长期利益,我愿意与他人合作"。

这是对抗者的想法树(图9),树的根部是改进后的新信念。如果接受这一信念,我们能在目标上取得多大的进展呢?

图9 对抗者的新信念

小结

记住，新的根本信念并不会自动替代旧的根本信念。就像一棵树必须接受水和阳光一样，我们必须抓住每一个机会培养新信念——"培养"是指当我们思考问题时，要在头脑中练习新信念。旧的根本信念将不断显现，但不要试图压制它，让它像一首你已厌倦的背景音乐一样自由来去吧！

通过练习，我们的新信念开始扎根，一直拖延的任务所带来的冲突变得不那么激烈。完美主义者不怕犯错，勇士愿意在没有动力的情况下行动，讨好者不怕让他人失望，对抗者愿意在对自己有利的情况下进行合作。这时，每个人都会产生新体验，而这些体验在拖延的怪圈中是不会出现的，它们将证实并支持新的、更开放的信念。我们会发现自己有能力，也愿意完成更多任务，在这个过程中，我们会离自己的目标更近一步。

那么，当情绪让我们感觉旧信念更真实时，应该如何练习、巩固新信念呢？我们接下来讨论这个问题。

巩固新信念

有一天,泰勒来咨询时十分沮丧。他的体育课有太多次缺勤了,如果再缺勤一次,就要挂科了。体育课不及格,意味着他得在大学四年级时补修,否则就不能毕业了。这让他有足够的动力去上课,但并不能消除他的反感。他整整一节课都在思考那些逃避任务的想法,比如"为什么我要浪费时间做这些活动呢?"他越想越愤怒。

泰勒被迫参加他认为没有必要的课程,他感到很愤怒,这说明了逃避任务的想法如何引发一些强烈的消极情绪。当一项任务与我们的核心价值观直接发生冲突时,我们会感到不快,比如泰勒的核心价值观是保持独立性。消极情绪包括焦虑、无聊、愤怒、困惑和尴尬等，它们的变化取决于受威胁的核心价值观；人们也会以身体感受的方式体验这些情绪，比如胸闷、胃部不适或心跳加速。我们的潜在信念和逃避任务的想法触发了拖延行为，而消极情绪和感受加剧了拖延行为。

当我们体验到消极情绪时，我们的自然反应是远离诱发它的事物。这一点不难理解——消极情绪是威胁的信号，正如我们对熊的恐惧告诉我们不要靠近它们，也不要把它们当作宠物。逃避那些具有威胁性的行为和任务帮助人类生存了几千年，消极情绪一直对我们的生存起到非常重要的作用。

情绪可以是指示灯，但不可以是控制器。在错综复杂的现代世界中，消极情绪不一定能准确地表明某件事情具有威胁性。泰勒对被迫上体育课感到愤怒，这并不意味着他的独立性受到威胁。事实上，上体育课是泰勒走向独立的必经之路。在这种情况下，泰勒的感受与其说是助力，不如说是阻碍。

当我们决定接受一项威胁到核心价值观的任务时，尽管可能正在培养新的根本信念，认为自己能应对威胁，但仍会觉得有些地方不对劲。这是四类拖延者所面临的主要困境。

完美主义者：我不确定自己是否做对了。如果我做了，失败了，我会感到焦虑、害怕、羞赧和困惑。

勇士：这太无聊了。如果我继续这样做，就会感到烦躁、无力和不安。

讨好者：如果我对他们说出真实的想法，我会感到忧虑、内疚和羞愧。

对抗者：这没有意义。如果我这么做了，我就会感到愤怒、无助和沮丧。

无论多么坚定地想要完成一项任务，当消极情绪爆发时，我们就会想要拖延任务，消除这些情绪。只有这样做，消极情绪才会消失，对吧？

不对。当我们陷入拖延的怪圈，逃避并转移消极情绪时，我们忘记了所有的情绪都有开始、过程与结束。害怕犯错、害怕惹人不快、厌烦无聊的任务、对别人的指令感到愤怒，这都是我们的身心激发出来的正常情绪。但是，它们不会永远存在。我们可以应对它们。

我在夏威夷长大，我们家经常去海滩玩。我记得那时，我还是个小女孩，我在玩水时看到迎面而来的海浪比我的头顶还高。我本能地绷紧身体，却被海浪击倒了。我挣扎着爬上岸，咳出海水，我的姐姐笑了半天。

笑过之后，她开始教我如何直接潜入浪中，让海浪冲刷身体；她还教我如何放松身体，漂浮在海浪上。最后，我发现我可以随海浪游动，最终到达岸边。

情绪就像海浪一样。努力抵抗它们，就会被再次击倒；而学习驾驭它们，就可以把事情做好。为了理解如何驾驭消极情绪的波动，让我们看一看自己能做些什么——这很像新手第一次进入大海。面对不舒服的感觉，身体自然会绷紧，我们弓着脊背，跌坐下来，呼吸短促，试图对抗这种感觉。虽然可能暂时得到缓解，但下一波情绪正在蓄力，我们仍然逃不开。

情绪是永无停歇的。我们总会说等我想做的时候再去做，但是，我们从来没有想做的时候。事实上，越是逃避任务来压抑消极的感受，下一次它就会越发猛烈。未完成的任务继续困扰着我们，消极情绪再一次出现，比之前更加猛烈。我们的抵抗只会推迟痛苦。

如果抵抗是徒劳的，那么我们要如何"驾驭"情绪的波动？幸运的是，我们有一个内在的工具：呼吸。

下一次，在你开启一项困难的任务时，不要紧绷身体，对抗感受到的情绪，而是试一试这个方法——张开嘴，开始吸气，让空气深入你的肺部，让你的腹部鼓起；挺直身体，让肺部也充满空气；给情绪留出大量的空间；然后，随着呼气，想象一下你正在放弃对情绪的控制。

这种技术叫作腹式呼吸法，能帮助我们驾驭情绪的波动。腹式呼吸法的原理是，在面对任何威胁，包括身体威胁与对核心价值观的威胁时，我们的神经系统会出现"战或逃"的反应。这一反应的特征是出现消极情绪以及出汗、嘴部发干、心跳加快、呼吸浅促等生理变化。这些症状是自然发生的，因此不太能被我们注意到，也不受我们的直接控制，所以，我们要通过避开诱发因素来应对它们。

如果任务具有威胁性，我们就会出现拖延；但如果决定接受这项任务，我们就要驾驭情绪的波动。当我们有意缓慢地把空气深深地吸入腹部的时候，就对大脑发出了"我能处理它"的信号。面对消极情绪，有意地进行深度呼吸，让身心放松下来，让感受自然发展——你没有阻止它，而是正在培养一个或多个新信念：我可以犯错！我可以在没有动力的情况下做事！我可以让别人失望！我可以与他人合作！

在驾驭情绪的波动时，如果你感觉身体的某个部位特别不舒服，可以直接把空气吸入到那里，给不适感留出更多的空间。记住，你并不是要摆脱某种感觉，只是允许任何感觉出现在那里。这种感觉可能会加强，可能会转移到身体其他部位，可能变成另一种感觉，也可能会减弱。不管它出现了怎样的变化，只要继续呼吸，为出现的任何感觉留出空间，情况就会好转，情绪的海浪就会退潮。

当然，情绪就像波浪一样有各种形态，一些情绪强烈得足以击倒你。不过，如果你想完成自己需要做的事情，过上渴望的生活，那就不会让情绪成为你的阻碍。

回到夏威夷的故事,有时,汹涌的海浪突然抓住了我,我像一片海草一样,在翻腾的海水中被甩来甩去,不断地撞向海底。我只能放松身体,直到海浪过去。我露出头来透一口气,浑身沾满了沙子,泳衣里也全是沙子,但我还活着,我内心知道这是值得的。

学会驾驭情绪的波动,也是值得的。你可以随时进行练习。

拖延怪圈的第一个促进因素是消极情绪。驾驭情绪的波动,将使我们建立起适应消极情绪的复原力。接下来,我们将聚焦于拖延怪圈的第二个促进因素——分散注意力的事物。

第三步　消除干扰不分心

你在写论文时,有多少次一卡壳就拿出智能手机,用搜索引擎进行查找呢?智能手机集合了全面的信息资源,而当我们要完成任务时,它既是我们的朋友,也是我们的敌人。

与父母的高中时代不同,每当我们投入工作时,必须应付电话、短信、微信消息、电子邮件以及许多其他社交媒体的消息提醒,它们都在表达同一个意思:赶紧看一看这条信息!你正在做的事情可以暂缓一下!如果我们本就不想做手头的任务(威胁到我们的卓越、社会关系、全身心投入或自主性),就很难抵挡智能手机的诱惑。

如果雅典娜没有马上回复男朋友的短信，男朋友可能会认为雅典娜不看重他。如果闺蜜在社交软件上发了一张自拍照，雅典娜需要立刻点赞，否则会伤害闺蜜的感受。朋友们都知道雅典娜是个热心肠，所以每天许多人找她帮忙。在这些干扰下，雅典娜没有足够的时间用来学习、读书、练习吉他，甚至影响了她晚上的睡眠。如果你是雅典娜这样的讨好者，你最重视的是你与他人的关系，那么，没有回复社交媒体的信息会让你感到非常焦虑。

艾米丽要成为行动的中心，因此养成了在任务过程中拿起手机的习惯。如果她看到最新的社交动态是朋友取得了令人惊叹的攀岩成绩，她怎么能静下心来完成无聊的阅读作业呢？每隔五分钟，艾米丽就要看一次手机，否则她觉得自己错过了有趣的消息。如果朋友的社交动态没意思，她只需要点击几下就能获得视频资源。如果你是像艾米丽一样的勇士，那么智能手机能让你摆脱无聊，让生活多姿多彩。

当乔丹面对他不一定能做好的任务时，智能手机能让他放松下来。当乔丹给朋友发短信或者查看动态的时候，他要把事情做得完美的压力消失了，他感到很放松。互联网是最好的信息来源，乔丹总有借口上网，一旦他开始搜索（比如某个词的意思或拼写），他就很容易跳转到其他网站以获得更多的信息。这个过程可能持续几小时，最后他终于开始工作了，但他感到很困倦。如果你是像乔丹一样的完美主义者，认为只有头脑清醒才能有出色的表现，那么，你常常会拖到"明天"精力充沛的时候才做作业。

泰勒在做他讨厌的任务时，很容易被手机分心。从他拿起手机的那一刻开始，家务或家庭作业"消失"了，泰勒进入了自己的世界，父母和其他权威者都无法影响到他。他可以获取最喜欢的运动队的新消息，观看有趣的视频或者发现热门的新乐队——"为什么不享受这种无拘无束的感觉呢？"如果你是对抗者，你也会这么想。

无论是哪种类型的拖延者，一旦任务威胁到我们的核心价值观，我们就会感到不安，甚至比平时更容易分心。无论查看手机的冲动是出于取悦他人的需要、全身心投入的需要、避免犯错的需要还是独立的需要，手机都是大多数青少年完成任务的最大障碍。那么，除了关掉手机之外，我们还能做些什么，让自己不受手机的影响呢？

首先，我们要限制查看邮件、短信和社交媒体的次数——查看它们的次数越多，我们工作和学习的效率越低。如果确实需要查看手机，我们就要设置计时器来提醒自己回到任务上的时间。如果不能做到自我监控，请参照以下更有力的措施。

- 进入手机设置，关闭所有通知、提醒、声音和震动，或者直接切换到飞行模式。
- 给你认为重要的人发信息，告诉他们"在接下来的90分钟里，我要写论文，没空回复信息"。
- 不要把手机放在触手可及的地方，你可以把它放在抽屉里，最好是放在另一个房间。

此外，许多应用程序也能帮助我们克服智能手机的干扰。它们可以屏蔽指定的社交软件，屏蔽的时间可以自由设定。虽然调整手机设置和使用抗干扰的应用程序需要提前做一些努力，但我们会发现，在没有社交媒体干扰的情况下，我们的工作模式发生了很大的改变。在已经完成某件事情的时候，我们也会更乐意回复工作期间累积的信息。

当然，智能手机并不是我们每天面对的唯一干扰，饥饿和口渴也是使我们停下手头的事情，跑去厨房的有力理由；而你去了厨房，谁知道又会出现什么其他干扰呢？艾米丽经常沉迷游戏或跳舞，甚至顾不上吃饭；之后，她开始做无聊的阅读作业，没过几分钟，她就因为低血糖感到疲劳。她该怎么做呢？在书桌的抽屉里放一些能量棒（就是她在攀岩时补充能量的食物），这样，即使她饿了，也可以不离开房间，

继续做作业。

如果你在家工作，家人可能会分散你的注意力，尤其是对讨好者来说。雅典娜的妈妈随时让她帮忙做家务或搬杂物；而雅典娜的妹妹有一个习惯，每当她遇到困难或想要分享令她兴奋的事情时，她就去找雅典娜。雅典娜觉得如果不回应，妹妹会认为她不关心自己，这可能会损害她们之间的关系。所以，在家人找她的时候，她总是放下手里的工作。在朋友和家人之间，雅典娜就像一个24小时待命的急救员。

如果他人妨碍你完成任务，你可以改变自己的环境。雅典娜想出一个解决办法。她设计了一个标识牌，上面写着"学习中，请勿打扰。谢谢！"每当她需要私人空间的时候，她就会在门上贴出这样的标识牌。在家里很乱的时候，她就拿起背包去图书馆或最喜欢的咖啡店学习。她也担心自己不在，会让家人失望，但是雅典娜提醒自己，她要舍得为自己花时间，坦诚相待是建立真正联系的必要条件。另外，雅典娜惊喜地发现，自我关怀的感觉真好。

当然，让我们分散注意力的事情不胜枚举。任何比目前任务更轻松的事情都能抓住我们的注意力。星期六，泰勒被派去修剪树篱，这只需要半小时；可他却花了整整一个小时来整理工具间。是什么让整理工具间这样的琐事如此吸引人，变成了分散注意力的事物呢？原因很简单，因为这是泰勒的主意。艾米丽非常害怕无聊的家务，她宁愿做20个俯卧撑，也不愿推着吸尘器打扫房间。当乔丹要坐下来写一篇有创意的短文时，他突然发现复习社会研究的课程内容更有吸引力了。

当面临一项威胁到核心价值观的任务时，我们的看法就会转变。看到的、听到的、闻到的以及想到的，各种分散注意力的事物纷至沓来，把我们从与任务相关的不适感中"解救"出来。如果每次都出现这种情况，那么，与其让自己措手不及，为什么不提前计划一下呢？如果我们能预测到分散注意力的事物，就能采取更实际的预防措施。

四类拖延者都会面临棘手的状况。下面，我将介绍一种应对这种状况的有效工具。

第四步 把任务变得可行

分解任务

一天,一个泥瓦匠推着一辆装满砖块的小推车沿路走到一条水流湍急的小河边。小河上有一座被冲毁的桥。一个坐在路边的人笑着说:"如果你能把那堆砖运过去,我就把我的帽子吃了。"

这个泥瓦匠打量一番之后,向那个人点了点头。他一句话也没说,从砖头堆上拿起一块砖,哼了一声把它扔到了对岸,然后又拿起一块砖头扔了过去。半小时后,他拖着空车蹚过了小河。

泥瓦匠到达对岸,把砖头重新装进推车里。离开之前,他朝那个人喊道:"一口一口地吃!"

我们面对的许多任务就像被冲毁的桥,看似是不可能逾越的障碍。当你因为一项任务的规模、复杂性或难度而想要拖延时,我建议你先问一问自己:"我可以把这个任务分成几部分呢?"分得越多越好,因为越小的任务越容易完成。我们会完成一打"可行的"任务,而不是一个看似不可能的任务。

完美主义者乔丹因为还要再写一篇英语论文而感到很沮丧。这次的主题是莎士比亚的《尤利乌斯·凯撒》,作业是选择一个角色,从他的角度写一篇有说服力的文章。像往常一样,乔丹觉得自己肯定会搞砸,迟迟无法下笔。和所有完美主义者一样,他认为在开始下笔之前他就应该知道自己想表达什么。

事实上,很少有创新性的作品是一开始就在作者的头脑里完全成型的。乔丹需要完成许多写作步骤,在每个步骤中解决这项任务

的一个部分,最终才能写完论文。这些"可行的"步骤包括:第一天,选择一个角色;第二天,研究这个角色;第三天,完成写作大纲;第四天,写完一段文字(必要时,重复这一步骤)。

乔丹每天只写一段,渐渐完成了这篇论文。当然,这对乔丹来说是一种全新的工作方式,他需要进行一定的练习才能完全适应。他要努力按时完成每天的目标,也要忍受犯错,还要一次次地提醒自己新的根本信念是什么。他调整自己的呼吸,驾驭大量的消极情绪波动。在每个写作步骤中,他都需要这些技能。

艾米丽在打扫房间时也面临着类似的挑战。房间就像飓风经过一样四处狼藉,艾米丽觉得自己把宝贵的时间浪费在令她讨厌与恼怒的事情上了。她告诉我她没有耐心,坚持不了多久就会分心。

我对艾米丽说,我能理解她的感受。如果我必须爬上她曾经攀登过的岩石,那似乎也是不可能的。

"那是因为你把整个攀爬的过程看成了一个整体。"她回答说,"我一次只想找到一个支点。当我的脚踩到实处时,我就可以休息和放松一下,然后再去寻找下一个支点。"

艾米丽把攀岩的任务分解成一个个可以落脚的支点。她能用相同的思路分解打扫房间这样无聊的任务吗?下面是她想出来的计划。

可行的步骤 1:把所有脏衣服收起来,开始洗衣服。

可行的步骤 2:收拾所有的脏盘子和垃圾。

可行的步骤3：用吸尘器清洁地板，擦拭架子上的灰尘。

可行的步骤4：把衣服叠起来并放好。

可行的步骤5：收拾床铺，整理壁橱和抽屉。

在每个"支点"之间，艾米丽安排一些自己更感兴趣的事放松一下，比如打一局电子游戏或者和朋友聊天。随着她完成每个步骤，打扫房间的任务就变得更容易了。

如果你没有动力去做某件事，那么可以把它分解成一些小步骤；一旦开始行动，你的动力就会增加。因为完成了这一步，下一步就不再那么艰巨了。就像每个支点都能让攀登者接近顶峰，激发他寻找下一个支点那样，我们完成的每一个可行的步骤都能让自己"心无旁骛"地带着明确的目标开始下一步。

这可能是对所有拖延者的启示，特别是那些只有在有动力时才能行动的勇士。事实上，行动创造动力。不管是什么样的任务，当我们感到自己被任务压垮时，就可以把它分解成若干可行的步骤，这样，我们不仅创造了更多的行动机会，还创造了更多产生动力的机会。当我们分解任务时，即使是洗碗这样简单的事，也会变得更有吸引力。下一次有机会就尝试一下吧！洗一个盘子，而不要洗一堆盘子！

练习：分解任务

想一个你一直拖延的艰巨任务，比如申请大学、找工作、整理房间、完成学期论文或者是开始锻炼。不要只看着最终目标，至少要想出实现目标的五个步骤。如果把一件事分解到若干部分，你就更容易完成它。

当然，可行的任务是较小的任务，并不意味着它容易完成。下面，我将介绍一种方法，即使是面对最艰巨的任务，你也能为自己加油打气。

争分夺秒

几年前,我打算写一本关于青少年社会焦虑的书,这是我特别感兴趣的主题。我之前没有写过书,于是,我研究了一下如何出书,发现要想和出版社签订合同,我得先准备一份策划书。可是,每当要动笔的时候,我都感到有些崩溃。我试着做出改变。我把它晾了一星期,再进行思考,最终花了整整一年的时间才写完这份策划书。

令人高兴的是,它引起了出版商的兴趣,我得到了一份出版合同,合同规定了一系列交稿时限。每次坐下来写作时,我都体验到熟悉的、想要把事情做好的紧张感,不过,一想到即将到来的截稿日期,我就慢慢平静下来。我写完这本书,也用了一整年的时间!

正如大多数人体验到的那样，嘀嗒嘀嗒的钟声会激励我们，帮助我们集中注意力。当我们背水一战，没有什么东西可以失去的时候，可能会做出惊人的事情。这是人类意志力的体现，它一出现就会产生巨大的影响。事实上，这也是拖延者的内心独白："这是我能做完事情的唯一办法！"

遗憾的是，背水一战也有消极的一面。在截止日期到来之前，我们会陷入长时间的担心和愧疚之中——自己本来可以更从容地完成任务，而不是在最后的几个小时内手忙脚乱地应付过去。我们会产生这样的想法：如果能消除压力升级带来的痛苦，那该多好啊！如果最后一刻迸发的灵感能在截止日期到来之前就出现，那该多好啊！

这是可以做到的。我们完全可以自行设定一个充满压力的最后期限，帮助自己把注意力集中在可行的任务上。事实上，这是拖延者的必备工具，我称之为"争分夺秒"。它的名字源自一个很久以前的电视节目。这个节目里有个巨大的时钟，要求参赛者在时钟倒数60秒内完成任务。这个节目反复证明了一点：任何任务有了时间的限制，都会变得更吸引人、更有趣。

争分夺秒的挑战有两个简单的要素：确定的起始时间与结束时间。提前确定时间，这样，在做任务时根本不需要思考花

了多长的时间，只要专注于自己正在做的事情以及当时的感受就好了——不管任务多么令人沮丧、恼火或无聊，我们知道它都会结束。

当泰勒把修剪草坪的任务转变成争分夺秒的挑战时，他的态度发生了变化。泰勒讨厌修剪草坪，但他的自由与这项任务联系在一起：他不做家务，就会失去开车的权利。他估计修剪草坪至少需要30分钟。一个星期六的早晨，他在吃完早饭后拿出割草机，用手机计时30分钟。当手机屏幕上的数字开始闪烁时，泰勒的挑战开始了。最后，他以28分12秒的成绩完成了任务。下一次修剪草坪的时候，泰勒就可以打败这次最佳纪录了！

在泰勒将个人目标与这项任务联系起来之前，他感觉修剪草坪像是别人（他的父亲）控制他的一种方式。这是他父亲的想法，而不是他的想法。现在，泰勒不是只听从父亲的指令，而是按照自己的想法做事。通过把任务限定在30分钟内，他在掌控任务，而不是让任务掌控他。作为奖励，他能腾出更多的自由时间去做他认为重要的事情。

同样，争分夺秒的挑战对完美主义者来说也是有效的。

乔丹要写一篇关于莎士比亚作品的论文，他把这项任务分成了几个可行的步骤。第一步是选择一个角色，但任何选择对乔丹来说都是一项挑战，这个选择也不例外。哪个角色是最好的？是主角，还是配角？是男性，还是女性？这里有太多选择了。乔丹一直犹豫不决，直到交论文的前一两天才能做出决定。

完美主义者认为只有在完全确定能做好的情况下才能开始行动。对于完美主义者以及难以启动任务的人来说，最好从较短时间就能完成的工作开始——它让我们不关注结果，降低心理预期。

我建议乔丹采用另一种争分夺秒的挑战，被称作"五分钟启动法"。我用手表计时五分钟，然后问他："你现在就选这个角色，怎么样？"

"现在？"乔丹一边问，一边在椅子上不安地挪动一下，"今天我感觉头脑不够清醒。我昨天晚上很晚才睡着。"

当然，我知道乔丹在逃避任务。他永远不会有头脑清醒的时候。我们花了几分钟的时间回顾他的根本信念：我可以犯错误。我们还回顾了当情绪来临时如何驾驭情绪的波动。我提醒他："只有五分钟的时间。"

乔丹叹了口气，耸了耸肩。他说："我觉得我能做到的。"

五分钟后，计时器响了，乔丹从书本里抬起头来。"好的，我决定了。"他说的时候带着一丝犹豫。显然，他不确定自己的选择是对的。不过，既然他可以犯错误，他觉得也可以接受不确定性。他惊讶地发现，即使是完成这件小事，自己的感觉竟然这么好。

对于完美主义者来说，争分夺秒的挑战不仅有助于启动任务，还能避免我们在事后评判自己所做的一切。

五分钟启动法适用于所有类型的任务——读一本书、计划一场旅行，甚至是做研究和选择大学等重大的挑战。飞机起飞时消耗的燃料最多。一旦我们开始行动，就会产生动力，更接近目标。

五分钟启动法
1. 计时 5 分钟。
2. 在 5 分钟之内尽力完成任务，不要在意任务的质量。
3. 开始行动后，要表扬一下自己。

勇士和对抗者也能从争分夺秒的时间限制中受益。艾米丽打扫房间的步骤清单就是一个很好的示例。

每个可行的步骤不是无限期的，而是计时 10 分钟。如果她在 10 分钟之内没有完成，那就先休息半小时，然后重新开始 10 分钟的清扫工作。

家务活不会让艾米丽产生动力，她的动力是她期待的 10 分钟后的自由时间。在完成每个步骤之后，她可以享受游戏、聊天或其他事情。她不再内疚，也不会因为房间凌乱而羞愧了。艾米丽依然非常讨厌收拾房间，但是，这种讨厌的感觉不会超过 10 分钟。就像大多数拖延者一样，艾米丽能驾驭 10 分钟的情绪波动。她完成 10 分钟任务的次数越多，这就会变得越容易。

有时，在进行争分夺秒的挑战时，我们会发现自己非常专注，不容易被其他事情分心，而且更有动力。我们进行挑战的次数越多，就越善于把它当成打败拖延的工具。如果你发现自己想工作的时间比设定的时间更长，那就太棒了！不过，我建议你至少在一段时间内继续遵守时间设定。你要停下来，认可自己已经获得的成绩。这并不是要评价工作的数量或质量，而是要认可"自己在设定的时限内全力以赴"这一事实。这是一种胜利，一种在大脑中建立新神经通路的体验。这些新的神经通路将支持我们的新信念——"我可以犯错误""我不一定要有动力""我可以让别人不高兴""我可以与别人合作"。

坚持自己的时间设定，能防止产生倦怠。如果一口气完成整个任务，即使我们感到有动力，我们的身体、精神和情绪也都会变得很疲惫——这样做也许会丰富体验，增添色彩，让下一个步骤更有力；但它也加深了"除非完成，否则我不能停止工作"的观念，这会让任何任务都变成苦差事。

除了挑战时间，我们还可以挑战日程。下面，我们将探索另一个提高效率的好方法！

保持进度

下午1点15分,物理老师宣布下周四的第五节课要考最后两章的内容。你在心里默念"我一定要复习!"你觉得自己肯定记住了这项计划,是不是?

不一定。通过默记,我们在脑海里形成了新的神经元模式;不过,连接那些神经元的电磁脉冲或突触每一秒钟会快速随机地放电50次。构成默记的神经元模式只在脑海里停留20毫秒(五十分之一秒)的时间,之后,这些神经元开始关注更有趣的事情,比如放学后和朋友一起喝冻酸奶。

为了加强记忆,我们必须反复强化这个神经元模式——如果在放学时再提醒自己一次下周四的第五节课考最后两章,我们会比之前更容易记住；如果在放学后吃冻酸奶时讨论的也是即将到来的测验，那就更有用了。如果我们在脑海里反复为每项任务建立神经元模式，那么不管这是几个小时后、几天后、几周后，还是几个月后要完成的任务，我们都会真正记住它。

当我们要为物理考试做准备时，会想到在接下来的一周里有7天时间，每天有24小时。这段时间看上去像是一片宽广辽阔的大草原，有足够的空间让我们随意散步。因此，我们自然会认为自己有充足的时间。

在现代生活中，无论是不是拖延者，青少年都需要外部标准的帮助。外部标准是指可靠的时间表，让我们能确定自己所在的时间点——这是在脑海里想象不到的。我们可以选择记事簿、挂历或袖珍日历，但在这里，我们将把关注点放在智能手机中的"日历"软件——当你记不住所有的任务和截止日期的时候，日历是必不可少的。

我们不可能一下子在脑海里计划好整整一周的活动，所以，如果没有外部可视化的时间表，我们就无法准确地估计任务所需的时间。为了避免产生时间充裕的错觉，我建议你把所有的任务都记在日历上，不要只记录那些困难的任务。提前在日程表上标出课程、课外活动、社交安排、旅行以及休息时间，每当一项困难的任务出现时，都要查看一下哪些时间段是空闲可用的。然后，打开日历程序，安排物理测验的复习时间，你将看到一个与之前想象的情景截然不同的场面。这段时间不太像大草原了，更像是一些分散的田地。

日历就像一位忠实的朋友，默默关注着我们，帮我们记录时间。按照以下简单的步骤，可以让日历发挥更大的作用。

步骤1：创建时间表

花20分钟左右的时间在日历软件中创建一个时间表。在你打算做任何困难的任务之前，要先确定一下已经计划好的任务有哪些。如果不知道还有多少空闲时间，你就无法做出准确的计划。

步骤2：确定最后期限

假设现在你已经创建了时间表，让我们重新回到物理测试的例子上来。最后期限已经确定了，你要尽快打开日历软件，输入测验的日期和时间。为了确保你不会忽略它，要把它设为"最高优先级"，这样，它会显示为红色。至此，一切还算顺利。

步骤3：安排学习时段

接下来，你要快速估计一下需要多长的复习时间。根据每个人的知识掌握程度，复习时间是因人而异的。不过，为了便于说明，我们假定你需要1.5小时。之后，你可以安排学习时段了。对大多数学生来说，物理是一门困难的学科，所以，你在一周之内安排三次学习，每一次学习30分钟。在时间表中，你一眼就能看出哪些时段是空闲可用的。比如，你选择的时段是周日晚上8：00—8：30、周二晚上8：00—8：30以及周三晚上8：00—8：30，如果在这些时段中坚持学习，你就有信心考出好成绩了。这种自信就是你能克服拖延的体现。享受它吧！

步骤4：设置提醒

当然，到了要复习的时候，你可能会碰到很多干扰计划的事情。为了保持进度，你可以花点时间设置提醒。我建议为每个学习时段至少设置两次提醒：一次提醒是在开始学习前十分钟时（让你有做好准备、排除干扰的时间），另一次提醒是在正式开始学习的时刻。

这一步看似有些多余，但这么做是值得的。如果在日历软件中设置了提醒的功能，你实际上就拥有了一位忠实的朋友，它能提供一项你自己无法做到的重要服务：记录时间。每当任务时间到了，不管你正在做什么，它都会提醒你去做那一项你已确定要完成的任务。

你知道它会提醒你你想完成的任务是什么，以及你想在什么时候完成任务，这样，你就不会总是想着任务，就不用每隔一小时就查看日历，看一看自己要做什么了——你知道日历软件会提醒你，你就可以放松下来。

可选步骤：分享日历

如有需要，你还可以设定第五个步骤——分享日历。我把这一步骤设为可选项，是因为它对讨好者来说是非常有用的。讨好者的弱点是太想让别人（有时甚至是陌生人）感到高兴了，以至于不顾自己的需要而取悦别人。不过，时间是有限的，虽然我们维持了与他人的关系，但是忽略了与自己的关系。

日历软件使我们避免浪费满足自己需求与达成目标的时间。在日历上做好时间规划，提醒自己，"这不是取悦他人的时间，而是留给自己的时间，我必须捍卫它"。为了说明这一点，让我们看一下雅典娜如何解决她的难题。

学生会和社团的会议、啦啦队训练以及校报专栏写作占据了雅典娜大量时间，她的父母都要上班，有时需要她帮忙买东西、开车送弟弟去游泳，更不要提她那位黏人的男朋友了。这些都是雅典娜维持人际关系要做的事情，如果把它们都考虑在内，雅典娜就没有留给自己的时间了。比如，如果她想学弹吉他，她知道她不仅要规划时间，还要确保这段时间不受他人打扰。

讨好者认为，虽然自己的快乐很重要，但是，要设定边界来拒绝所爱的人们，这是很无礼的。即使没有在和他们互动，讨好者也想和亲友保持联系，需要他们的配合来坚持自己的新立场。为了获得亲友的支持，我们可以与亲友分享日历，邀请他们同步我们的日程计划，这对讨好者来说是最重要的工具。

雅典娜想在每周三晚上 9 点到 10 点看她最喜欢的电视节目，她把这段时间设为重复事件，把它纳入名叫"雅典娜在做什么"的共享日程。其他人就知道在这段时间里她有事情，不要打扰她。这样，他们也参与到雅典娜的计划之中。

甚至是那些她没有共享日历的人们，也可以帮她实现自我关怀的目的。比如，雅典娜参加集体活动，手机响起提示音，然后她拿出手机，手机发出提示："练习吉他的时间到了。抱歉，我得走了！"

所有人都听到了。提示的信息让她在离开时既不会感到自己在拒绝别人，也不让别人产生被拒绝的感受。

共享日历涵盖了爱好、作业和放松时间，雅典娜渐渐觉得每天过得更加真实了。有时，"雅典娜在做什么"的计划确实会让别人感到失望，但是，她发现失望不一定会导致他们拒绝她。虽然别人会失望，但终究会释然。

使用日历最大的误区之一是低估了完成任务所需的时间。尤其是像艾米丽这样的勇士，由于对时间流逝的错误知觉，他们很难预估自己在完成不感兴趣的任务时需要多少时间。因此，对于勇士或者其他很难集中注意力的拖延者来说，我建议你使用预估时间翻倍的原则。也就是说，无论你认为需要的时间有多长，都预留出两倍的时间。

艾米丽一开始估计自己复习 1 小时，就能在测验中获得 B 的分数，不过，根据经验，她往往要花更多的时间。因为虽然她在限时 1 小时的游戏或攀岩中游刃有余，但复习让她觉得举步维艰。

在艾米丽看来，时间翻倍意味着要复习 2 小时——天哪！她知道自己没办法一下子复习 2 小时，于是，她在日历上输入四个复习时段，每段半小时。在为每个时段设置提醒后，她觉得准备好了，对这项任务更有把握了。

对于勇士来说,在使用日历软件时,将任务时间翻倍,即便是最容易忘记的任务,也能顺利完成。

坚持准确地记录自己的日程,需要付出更多精力吗?是的。不过,这属于巧干的范畴,而不是苦干的范畴。无论我们追求的目标是什么,科技都能让我们更高效、更有收获。拖延者会在最后一刻仓促地完成任务,以弥补计划上的不足,事实上,没有比这更耗时耗力的事情了。试着使用日历吧,看一看它是如何为你工作的!

至此,我介绍的工具都是为了帮助你关注任务的过程,而不是结果。当然,最理想的结果是完成任务,继续前进。不过,无论我们多么用心努力,生活不是一帆风顺的。接下来,我们将探讨你会遇到的阻碍以及应该如何应对。

第五步　为应对批评做准备

你应该还记得，雅典娜并没有拖延申请大学——她还没有准备好上大学，她有别的计划。不过，雅典娜正在拖延一件非常重要的事情——告诉父母她的决定。

这并不容易。在雅典娜的家庭价值观中，接受教育是十分重要的。她的父母都是大学毕业生，而且，他们一直认为雅典娜会获得大学学位。有一次吃晚饭的时候，雅典娜不经意地提起一个朋友没有上大学，而是去组建乐队了，父亲的脸色当时就沉了下来，她只好打住这个话题，也没了吃饭的胃口。

讨好者非常在意别人的否定或批评，尤其是她所爱的人。对方不用说难听的话，只要一个眼神（无论这是真实存在的还是她想象出来的）就够了。对于讨好者来说，如果所爱的人对自己不满意，他就会担心双方的关系受到威胁。这与一种原始的恐惧有关——我们害怕被我们依赖和喜爱的人拒绝。

完美主义者也害怕被"排除在外"，但是出于不同的原因。完美主义者必须感受到别人的尊重才有安全感，因此，为了保持受人尊重的地位，最好的做法是不要犯错，不给任何人批评自己的机会。乔丹认为每门课都得A，学分绩点保持4.0，考上顶尖的大学，就能保证他以后有稳固的社会地位。只要表现完美，他就永远不会被认为是"不足"或不够好的，他就总会受到别人的尊重——至少他是这么认为的。雅典娜和乔丹都应该听从埃莉诺·罗斯福（Eleanor Roosevelt）❶的建议："做你认为正确的事，因为你总会受到批评。"

---

❶ 埃莉诺·罗斯福为美国第32任总统富兰克林·罗斯福的妻子，曾为美国第一夫人。——译者注。

对于讨好者和完美主义者来说，学习应对批评是克服拖延的一个重要部分。在意别人的评价，就会推迟做那些可能带来批评的任务。因此，为了完成任务，我们要培养自己对批评的适应力。当要做一项可能令人失望、招致批评或失去地位的任务时，我们可以试一试下面的练习。

> **练习：应对批评**
>
> 1. 想一件你因为害怕别人批评你而不敢说或不敢做的事情。
>
> 2. 想象一下如果你做了这件事，最糟的状况是什么，别人会怎么说你或者看待你。
>
> 3. 想出一个坚定的回答（坚定是指坚持自己的想法，而不是贬低他人）。你害怕别人会对你说什么？你可以想出另一个坚定的回答来回应他。
>
> 4. 不管你担心对方怎么说你或看待你，继续想出相应的坚定回答。
>
> 要记住，这个练习的目的是在收到他人的否定或批评时坚持自己的观点。不要试图说服他们，也不要试图改变他们看问题的角度。关键不是让他人赞同你，而是要坚持自己的观点！

下面是雅典娜的一次应对练习，练习的目标是把间隔年的计划告诉父母。

家长：我们更清楚什么是为你好，如果你真的在乎我们，是不会这么做的。

雅典娜：你们也许更清楚什么是为我好，你们可能是对的。但是，我的成长是我要去做那些我认为正确的事情。即使错了，我也能从中吸取教训。

父母：你太不理智了，我们太失望了，这会毁了你的生活。

雅典娜：对不起，让你们失望了。如果得不到你们的支持，我很难这么做，但是，这是我成长的一部分。

父母：好吧，如果你想毁了自己的生活，那就去吧！

雅典娜：我不想毁了我的生活。我正在学习如何坚持自己想做的事。

父母：这是你做过的最糟糕的决定！

雅典娜：你们认为我不应该这么做，但是，我要鼓足勇气做我认为正确的事情，不是只依赖你们的想法。这是成长的一部分。

你可以让你信得过的朋友扮演批评者。如果找不到陪你练习的人，可以把你的想法写下来，然后大声读出来。当听到批评的话时，你能更强烈地体会到自己害怕别人说什么。把坚定的回答大声说出来，会带来想象不到的力量。

如果你难以坚定地回应，请回顾一下自己的新信念。如果你发现自己的热情慢慢减退，提醒自己你正在追求的价值观：①用行动代替拖延；②坚持自己；最重要的一点是③通过真诚的态度，建立更深入、更有意义的人际关系。

尽管乔丹的应对练习看似有些不同，但是，完美主义者与讨好者面临着同样的挑战。为了追求卓越，完美主义者必须冒一定的风险，必须忍受他人的批评。换句话说，完美主义者必须接受犯错误。这并不是说我们要对犯错感到高兴，而是不要让错误妨碍了我们对幸福的追求。

你需要练习。可以回想一下你在某件重要的事情上表现不好的情景，比如考试成绩比你预期的要差，在运动场上出糗，或者你的演讲不受欢迎，想象别人对你最糟糕的看法，以及你将会做出什么样的坚定回答。以下是乔丹的应对练习，对话主题是如果他的高考成绩很差，他害怕别人评价或批评他。记住，应对练习不是基于他人真实的想法或话语，而是你最害怕他们想什么或说什么。

老师：我真的对你很失望，乔丹。你很有潜力，我希望你能做得更好。

乔丹：我知道你很失望。我也很失望。但是，我可以从错误中汲取教训。

老师：这个错误会让你上不了好大学。

乔丹：这可能影响到大学录取，但我已经尽全力了。有些事情我做得很好，而另一些事情我做得不太好。

老师：嗯，即使你尽全力了，也是不够的！你已经失去了我的尊重。

乔丹：很抱歉我失去了你的尊重，不过，即使我的表现不够好，我也是值得尊重的。做错了总比没有做要强，我确实尽力了。

请注意，乔丹的坚定回答像雅典娜的一样，是说服自己，不是说服别人。应对练习的目的是在我们脆弱无助、害怕别人批评的时候，提醒我们自己是谁。对完美主义者来说，"我是谁"的答案是愿意冒着失败（失去别人尊重）的风险去追求卓越的人。

应对批评练习对每个青少年来说都是有意义的，包括勇士和对抗者。当朋友取笑艾米丽的房间乱糟糟时，她感到很羞耻。不过，如果你体验过羞耻感，你会知道它不太可能改变我们的行为。羞耻感是一种压力，当艾米丽有压力时，她最不愿意做的就是家务这种无聊的事，而会沉迷游戏或其他吸引她的事物。任何行为的改变，都需要发自内心，而不是借助外力。

对抗者泰勒看似不在乎别人的看法，但事实恰恰相反。他想要与众不同，不是因为想要孤独。如果你是对抗者，你会希望在自己的社交群体中脱颖而出，还会希望别人认为你是特别的人。泰勒认为最糟糕的批评就是"泯然众人"。比如，泰勒买了一件帅气的夹克，第二天到学校，他发现三个同学穿了同样的夹克。当天晚上，他就去商场退货了。泰勒想要与众不同，而不是融入群体。

你对最糟糕的情境（被评判、批评甚至是嘲笑）练习得越多，就越能适应由此引发的消极情绪，从而更好地驾驭情绪。使用腹式呼吸，深吸一口气，提醒自己你是谁以及你所追求的价值观是什么。除了卓越、关系、投入度和自主之外，这里还有一些你可以使用的价值观。

- 诚实
- 勇气
- 目标
- 成长
- 善良
- 承诺
- 创造力
- 风险
- 自主
- 乐趣
- 快乐
- 责任

至此，我已经介绍了你所需的掌控拖延的工具。如果你能识别出那些无效的潜在信念，形成新信念，调整呼吸并驾驭情绪，分解任务，消除干扰，限定时间，保持进度并应对批评，那么，你将成为厉害的任务管理者。

不过，即使掌握了所有工具，我们仍然会遇到一个障碍，它会使我们没有办法尽力去克服拖延。这个障碍是我们倾向于保护自己不受拖延类型的影响。下一章中，我将介绍所有拖延者面临的最后一项挑战：洞悉目标。

射中靶子,而不必正中靶心

在关于罗宾·汉的传说中,对手射中靶心后,这位传奇的弓箭手拉弓射箭,把对手的箭从中劈开——这是靶心中的靶心!要是生活也能这么简单明了就好了!

无论是否会射击,我们都知道正中靶心是特例,而不是常态——虽然我们每次都瞄准,但很少能射中,因此,每一次射中,我们都会感到又惊又喜。那么,当我们在日常生活中承担一项任务时,为什么要以是否"射中靶心"为标准来衡量自己的表现呢?

美国职业棒球大联盟的球迷当然不会以此评价球员的表现。当本垒打的明星击球手踏上本垒板时，他在12次击球中平均有11次没有击出全垒打，甚至有三分之二的概率连球都打不中！没有人把一垒、二垒、三垒、保送和三振统称为"非本垒打"。教练评价球员的标准是他的击球姿势是否正确、挥杆是否平稳、是否有耐心，以及在坏球时不要挥杆。击球手知道，如果他们在上场后按照之前练习的那样去做更可能得分，也更可能打出本垒打。

我们推迟的任务几乎都是那些我们担心自己会"打不中靶心"的任务。完美主义者的靶心是做到完美不犯错；讨好者的靶心是让每个人都开心；勇士的靶心是没有无聊感，能全身心投入其中；对抗者的靶心是独立自主。

如果你还认为自己必须正中靶心，那么，本书提到的所有技巧对你来说都是没有用的。事实上，无论你有多强的决心、做出怎样的承诺、做了多少准备，只要面对的任务对你来说曾经是一个挑战，那么，你射出的箭就不一定能正中靶心。我们需要改变自己关于成功的看法。

练习钢琴时，经常弹错音；练习击球时，经常挥空杆——这都再正常不过了，不要太在意是不是一切都恰到好处。面对任何决心要完成的任务，我们的工作就是继续做下去。在没有完美结果的压力时，我们将更容易开始行动，更可能完成任务。

完美主义者和讨好者对靶心有强烈的执念。

完美主义者乔丹的靶心是得到"A"——他追求卓越的热情让他别无选择；但是，他不确定也不知道该写什么，感到头脑不清醒，因此，这项作业很难得高分。如下图（图10）所示，乔丹第一次写完作文时的感觉是"除了失败，什么也没有"。

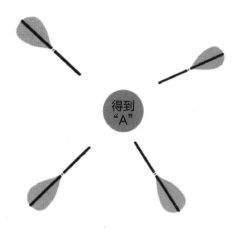

图10　乔丹的靶心

当乔丹把注意力从靶心转移到整体目标上后，他仍可能会得到"A"。但是，他的任务仅仅是射中目标（图11）。任务失败的唯一情况是他推迟行动，也就是拖延。

图 11　乔丹的任务

如果你认为只需要射中目标（这是你能做好的事），你就不太可能拖延任务。把注意力从靶心放到整体目标上，我们将会更积极地评价自己的工作成果，也有助于下一次完成任务。

作为讨好者，雅典娜的靶心是不让她爱的人感到失望，她认为自己必须射中靶心，这让她推迟了迟早要完成的任务。雅典娜怎么做，才能在不惹父母生气的情况下把间隔年计划告诉他们呢？有没有什么办法让他们更容易接受呢？

雅典娜的拖延不只是因为这会让父母感到失望，他们可能会生气；更是因为她的核心价值观"社会关系"面临着威胁。为了完成这项任务，雅典娜必须把"让父母感到高兴"的靶心拓展一下，看到整个目标（图12）。

图12 雅典娜的任务

一旦雅典娜确定了真正的目标,这项任务就变得更加可行。她不用再击中"取悦父母"的靶心了。对她来说,射中目标就是成功。

但是,雅典娜不容易看到自己的表现有多好。每当她让别人失望的时候,她总是习惯性地内疚,生自己的气——这也是她的第一反应。

尽管父母不如她想的那样生气,但是,他们说了许多反对的意见,想要说服她,还追问了很多细节,比如她住在哪里以及如何养活自己。雅典娜拖了这么久才说,她的父母感到很伤心。这让雅典娜感到痛苦。她肯定没有射中靶心。

不过没关系!雅典娜是真诚的。她冒着惹恼他们的危险,没有遮掩自己的想法。当父母表达失望时，她没有用以前的方式来取悦他们。她只是在控制着自己的情绪。

雅典娜的确击中了目标。我鼓励她为她的做法表扬自己。我告诉她我经常对来访者说的一句话：表扬射中目标的行为比惩罚错过靶心的行为更有意义！

完美主义者和讨好者往往会严苛地评价自己，因此，"射中目标，而不是靶心"对他们来说最为重要。但是，其他两类拖延者也可以通过调整他们的目标而获益。

艾米丽的靶心是全身心投入。除非她足够感兴趣，完全沉浸在工作中（身体上、精神上或者两者兼有），否则她会感到无聊、沉闷和乏味。当然，每当勇士完成一件无聊的任务，哪怕是无聊任务中最小的可行部分，这都是一种成就。对勇士来说，最困难的事是即使感到无聊，也要继续做下去。勇士们想要感到全身心投入和专注，毫不费力地做下去；但是，如果总是关注这一点，就会忽视已经取得的成果，跳过值得庆祝的进步。下图（图13）是我们设想的艾米丽在打扫房间时的整体目标。

图 13　艾米丽的任务

你能让自己全身心投入到令人厌烦的任务中吗？可能不会。我们要做的就是确定任务的整体目标，在达成后奖励自己。奖励可以是实际的奖励，比如让自己玩一会儿电子游戏或看电影；也可以是心理上的奖励，比如想一下完成任务让自己更接近目标，而这个目标将会让我们全身心投入；奖励甚至可以是奇特的，比如把目标想象成一个飞镖靶，给每个圆环赋分，这样就可以打分了。无论使用什么样的奖励方法，都不要迷失其中。记住，最困难的战斗是打败无聊。只有赢得这场战斗，勇士才能成为英雄。

对抗者的靶心是独立，做自己想做的事情。但是，对抗者面对许多别人安排或指派的任务，并且认为这些任务没有意义，如果只想射中独立的靶心，就会拖延那些任务。下面是泰勒的目标靶（图14）。

图 14　泰勒的任务

我们把一项挑战性的任务（或者其中的可行部分）作为靶子，而不是靶心，这样，我们就有了更多成功途径。成功让我们更有动力去迎接以后的挑战性任务，而不是拖延它们。

练习：击中目标

找到你的靶心。把它写下来，这会提醒你不需要达成什么样的目标。

问一问自己，"这个任务中的真正目标是什么？"把你想出来的具体事件写下来（图15）。把本书介绍的任意一种工具写在靶子上。比如，你可以在其中一环写下"让新信念扎根"，在其他环上写下"五分钟启动法""驾驭消极情绪的波动""分解成可行的目标"以及"消除干扰"。

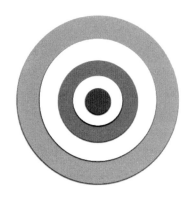

图 15 你的目标靶

无论达成多么微小的目标,都要奖励自己。

当雅典娜选择练习吉他,而不是满足男友放学后出去玩的需求时,她就成功了。她没有击中"让每个人都高兴"的靶心,但是,她实现了"自我关怀"的目标。乔丹拿回了他的历史论文,老师用红笔圈了一下,给了"A-"的分数。他没有击中"一定要完美"的靶心。但是他仍然成功了,因为他的目标包括"冒着犯错的风险"。艾米丽在做家务时感到十分无聊,做家务不是她的靶心,不过,她把预估时间翻倍,当她感到厌烦的时候能驾驭自己的情绪——这就是她的目标。

每一次达成目标都是值得庆祝的。对自己慷慨一些,无论你所做的事情多么微不足道,都要奖励自己。每当你完成一个可行的任务时,你只有两个选择:要么为达成目标表扬自己,要么为错过靶心惩罚自己。选择权在你手里!

能读到这里,意味着你和拖延进行了无数次的斗争。阅读任何挑战思维方式和行为方式的书,都是非常困难的。你能做到这一点,值得祝贺!我希望你能表扬自己,认可自己的好奇心、诚实和坚持。

结语

人们一般认为只有青少年才会拖延，但是，你很容易发现大多数成年人在面对挑战性的任务时也会拖延。当总用拖延来逃避难题时，就会在头脑中形成陈旧的、难以被改变的神经通路。任务一旦威胁到我们追求完美的需要、建立社交的需要、全身心投入的需要或者独立的需要，就会成为我们生活中的天花板，成为我们无法逾越的障碍。我们会用一生的时间来思考如何不让自己的核心价值观受到挑战。

为了充分践行这些宝贵的核心价值观，我们需要检验它们。要想在自己的领域中做到出类拔萃，就要冒犯错误的风险；要想过上全身心投入的生活，就必须管理乏味的感受和时间；要想拥有深厚而有意义的关系，我们的真诚有时必然会让他人失望；要想实现长期的独立，即使不以为然，也必须与他人合作。

好消息是无论你的价值观是什么，无论你未来的梦想是什么，实现它们的最好时刻就是现在。与其他年龄段相比，青少年拥有最灵活的头脑，更容易接受新的知识和经验。你正在阅读这本书，说明你拥有好奇心，愿意提出尖锐的问题，也愿意探索新答案。这些品质不仅能帮助你克服拖延，还能帮助你战胜将要面对的每一个挑战。

完美主义者要学习容忍犯错，这能让我们在做任何事情时更加大胆，更有创造力。一旦达到目标，要学着接纳并奖励自己，这将激励我们朝着更远大、更美好的生活目标不断努力。要专注于当前任务中可行的部分，而不是最终的结果，这将让我们立足于当下，有效缓解压力感和焦虑感。当摆脱了完美主义的束缚时，你自然会变得更优秀。

勇士要学习如何忍受无聊和乏味，这让我们有机会去追求更有吸引力的事情。可以使用日历和提醒，不仅有助于克服错误的时间知觉，还可以摆脱做事拖拉和不合群带来的羞耻感。当你学着去做那些不感兴趣的事情时，你会取得更大的成就。

讨好者要学习坚持自己，这将使我们在人际关系中更加真诚可信。留出自己的私人时间，别人就不会理所当然地占用它；当我们让别人感到失望的时候，也会更好地管理由此带来的恐惧。我们不再耗尽所有精力来满足别人的需求，因此，当别人真正需要的时候，我们有更多的精力去帮助他们。

对抗者看重独立和自主，因此，我们要学习接受对自己有利的任务，即使这些任务是由他人安排或指定的。问一问自己，"这项任务符合我的长期利益吗？"这样，我们会逐渐掌握自己的生活和未来。可以创建自己的任务时间表，这样，任务就在我们的掌控之中。有了这些技能，你会从对抗者变成佼佼者。

无论是哪种类型的拖延者，当我们把科技作为促使自己完成任务的工具（而不是干扰）的时候，我们就战胜了前几代人不曾遇到过的挑战。

当我们射中目标而不是靶心的时候，我们就对成功有了新的理解。为已经达成的目标奖励自己，而不是为没有达成目标惩罚自己，这样，我们的动机和自尊就会越来越高。摆脱了靶心的控制，就有了无限的可能。

不过，最重要的一点是不断练习驾驭由挑战性任务带来的消极情绪波动，经得住那些会导致拖延怪圈的痛苦感受。忍耐（实际上是接纳）消极情绪是打破拖延怪圈的关键。就像跳伞初学者尽管害怕也要学着从飞机上跳下来一样，你也要学着去做那些有助于个人成长的任务，无论它看起来有多么痛苦。

在结束之前，我想问一个问题。乔丹、艾米丽、雅典娜和泰勒，他们懒惰吗？软弱吗？蠢笨吗？不！拖延不是可耻的标志，它是一个人类共有的问题，而且是有办法解决的。如果你有拖延的问题，这本书中有解决的工具。一旦开始使用这些工具，你就会发现自己能够完成任务。更重要的是，你会发现自己得到了一直追求的东西：卓越、全身心投入、人际关系、独立性。